机动车驾驶人考试培训教材系列

道路交通安全法律法规和相关知识

范立 主编

机械工业出版社
CHINA MACHINE PRESS

内容简介

本书以机动车驾驶人考试大纲为依据，按照考点编排，涵盖所有的知识点，内容阐述准确、简洁，符合机动车驾驶人考试科目一的考试要求。书中采用了大量精心绘制的插图，图形清晰，图示准确。这些插图反映真实驾驶场景，体现了驾驶考试的要求，是每个学习汽车驾驶的学员学习道路交通法律法规和相关知识的首选教材和读物。

本书适合参加机动车驾驶人考试的学员阅读。

图书在版编目（CIP）数据

道路交通安全法律法规和相关知识/范立主编.—北京：机械工业出版社，2015.11（2025.9重印）
机动车驾驶人考试培训教材系列

ISBN 978-7-111-52300-0

Ⅰ.①道… Ⅱ.①范… Ⅲ.①道路交通安全法—中国—技术培训—教材 Ⅳ.① D922.14

中国版本图书馆 CIP 数据核字（2015）第 295888 号

机械工业出版社（北京市百万庄大街 22 号　　邮政编码 100037）
策划编辑：赵海青　责任编辑：赵海青　　责任校对：李新承
封面设计：张　静　责任印制：单爱军
中煤（北京）印务有限公司印刷
2025 年 9 月第 1 版第 10 次印刷
184mm×260mm・7.5 印张・184 千字
标准书号：ISBN 978-7-111-52300-0
定价：35.00 元

电话服务　　　　　　　　网络服务
客服电话：010-88361066　机　工　官　网：www.cmpbook.com
　　　　　010-88379833　机　工　官　博：weibo.com/cmp1952
　　　　　010-68326294　金　书　网：www.golden-book.com
封底无防伪标均为盗版　机工教育服务网：www.cmpedu.com

丛书序 FOREWORD

亲爱的读者：

　　以最真诚的心和对生命的爱，为您献上一套属于您不可缺少的驾驶伴侣。衷心地感谢您能翻开这套培训教材，体验本套教材中真正的价值，看到安全驾驶、珍爱生命的真谛。

　　随着汽车数量的不断增加，拥堵的交通环境和无序行驶的汽车，让每个人感到焦躁和愤怒。驾驶人随意加塞、停车，频繁变道等坏习惯，严重扰乱了正常的道路秩序。尤其是看到那些驾驶汽车缓慢爬行和自以为是的新手，不禁使我联想到驾校的培训：学员在角落里背题库，教练员让学员拼命进行应试技巧练习，驾驶人考试中的种种潜规则等。可想而知，在这种培训与考试模式下，培养出的驾驶人只能是"马路杀手"。驾驶人的无知、安全意识低下和驾驶技能差，是造成交通混乱和交通事故的根源，也是给道路交通带来灾难的主要因素，这一切与现行的培训与考试模式是有着直接关系。

　　随着驾驶人培训的多元化，在今后一段时间内，新的学习方式会不断涌现，背题库、练技巧，还会是各种培训机构的主流。仅靠培训来提高驾驶人的素质、安全意识、对生命的珍爱，为汽车社会带来畅通、和谐，已经是不可能的了。只有通过驾驶人自己的努力，才能成为安全文明的驾驶人。

　　长期的担忧、思考和观察，让我萌生了编写一套集驾驶知识、安全文明意识为一体的机动车驾驶人考试培训教材的想法，通过这套教材为教练员和驾驶人提供更多的帮助。这套教材将从您学习汽车驾驶的第一天开始，就给您帮助、关爱和福音，让安全陪伴您的整个驾驶生涯。最后，对您阅读此书表示衷心的感谢。

考前必读

（一）考试内容与合格标准

　　机动车驾驶人考试内容分为道路交通安全法律、法规和相关知识考试科目（以下简称"科目一"）、场地驾驶技能考试科目（以下简称"科目二"）、道路驾驶技能和安全文明驾驶常识考试科目（以下简称"科目三"）。考试内容和合格标准全国统一，准驾车型不同，相应的考试项目也有所不同。如非特殊指明，本书所述内容均为针对初次申请小型汽车（C1）、小型自动档汽车（C2）、低速载货汽车（C3）和残疾人专用小型自动档载客汽车(C5)驾驶证的驾驶考试，如您报考其他准驾车型，请注意本书有关其他准驾车型的说明以及相关法律法规的具体规定。

　　科目一考试内容包括：道路通行、交通信号、交通安全违法行为和交通事故处理、机动车驾驶证申领和使用、机动车登记等规定以及其他道路交通安全法律、法规和规章。

　　科目二考试内容包括：小型汽车、低速载货汽车考试倒车入库、坡道定点停车和起步、侧方停车、曲线行驶、直角转弯。小型自动档汽车、残疾人专用小型自动档载客汽车考试倒车入库、侧方停车、曲线行驶、直角转弯。

　　科目三道路驾驶技能考试内容包括：上车准备、起步、直线行驶、加减档位操作、变更车道、靠边停车、直行通过路口、路口左转弯、路口右转弯、通过人行横道线、通过学校区域、通过公共汽车站、会车、超车、掉头、夜间行驶。

　　科目三安全文明驾驶常识考试内容包括：安全文明驾驶操作要求、恶劣气象和复杂道路条件下的安全驾驶知识、爆胎等紧急情况下的临危处置方法以及发生交通事故后的处置知识等。

提示：对于大型客车、重型牵引挂车、城市公交车、中型客车、大型货车的，科目二考试内容包括考试桩考、坡道定点停车和起步、侧方停车、通过单边桥、曲线行驶、直角转弯、通过限宽门、窄路掉头，以及模拟高速公路、连续急弯山区路、隧道、雨（雾）天、湿滑路、紧急情况处置。

各科目考试的合格标准为：

（1）科目一考试满分为 100 分，成绩达到 90 分的为合格；

（2）科目二考试满分为 100 分，考试大型客车、重型牵引挂车、城市公交车、中型客车、大型货车、轻型牵引挂车准驾车型的，成绩达到 90 分的为合格，其他准驾车型的成绩达到 80 分的为合格；

（3）科目三道路驾驶技能和安全文明驾驶常识考试满分分别为 100 分，成绩分别达到 90 分的为合格。

科目一考试合格后，车辆管理所核发"学习驾驶证明"。"学习驾驶证明"的有效期为三年，但有效期截止日期不得超过申请年龄条件上限。申请人应当在有效期内完成科目二和科目三道路驾驶技能考试。未在有效期内完成考试的，已考试合格的科目成绩作废。

提示：在学习驾驶证明有效期内，科目二和科目三道路驾驶技能考试预约考试的次数分别不得超过五次。第五次预约考试仍不合格的，已考试合格的其他科目成绩作废。

（二）本教材使用说明

本书中名词术语和计量单位都采用了国家规定的规范用语。为方便读者理解，特制作各种常见术语与通俗名称以及常用单位名称与单位符号的对照表，请读者参考。

规范术语	通俗名称	单位符号	单位名称
转向盘	方向盘	km	千米、公里
加速踏板	油门踏板	m	米
制动踏板	脚刹	cm	厘米
驻车制动器	手刹	mm	毫米
前照灯	大灯、前大灯	km/h	公里/时
刮水器	雨刮、雨刷	L	升
危险警告闪光灯	双闪灯、双蹦灯	r/min	转/分

目录 CONTENTS

一、道路交通安全法律、法规

🚗 学习目标

- ◆ 熟练掌握各类道路条件下的通行规则。
- ◆ 熟练掌握驾驶证申领和使用的有关规定。
- ◆ 熟知相关权利、义务和法律责任。
- ◆ 掌握其他法律、法规和规章中与道路交通安全有关的主要规定。

🚗 考试内容和要点

考试内容	考试要点
中华人民共和国道路交通安全法及实施条例	灯光、喇叭的使用；有划分车道的道路通行；无划分车道的道路通行；交叉路口通行；变更车道；机动车限速通行；跟车与限制超车；会车规定；铁路道口及渡口通行；缓行、拥堵路段交替通行；漫水路、漫水桥通行；避让行人和非机动车；掉头与倒车
刑法	交通肇事罪；危险驾驶罪
道路交通安全违法行为处理程序规定	扣留车辆的情形；扣留机动车驾驶证的情形
机动车驾驶证申领和使用规定	事故现场处置；高速公路事故现场处置；现场报警和处置；自行协商事故处理；事故现场的强制撤离
机动车驾驶证申领和使用规定	机动车驾驶证许可；机动车驾驶证种类、准驾车型和有效期；机动车驾驶证申请条件；驾驶人考试要求；有效期满、转入、变更换证；驾驶证遗失补证；记分制度；驾驶证实习期；驾驶证审验；驾驶人体检；驾驶证注销
道路交通安全违法行为记分	记分分值、记分执行、满分处理、记分减免、法律责任
机动车登记规定	机动车注册、变更、转移、抵押、注销登记；机动车登记证书灭失、丢失或者损毁；机动车号牌、行驶证灭失、丢失或者损毁；临时行驶车号牌；机动车检验

（一）交通安全法及实施条例

1. 立法目的和适用范围

驾驶机动车上道路行驶，要严格遵守交通安全法律法规，按照通行规则行驶。

任何违反道路交通安全法的行为，都属于违法行为。对未取得驾驶证驾驶机动车的人，依法追究法律责任。

驾驶机动车在道路上违反道路通行规定，必须接受相应的处罚。对违法驾驶造成重大交通事故构成犯罪的驾驶人，依法追究刑事责任。驾驶人造成事故后逃逸构成犯罪的，吊销驾驶证且终生不得重新取得驾驶证。

2. 机动车驾驶证许可

驾驶机动车，应当依法取得机动车驾驶证。

申请机动车驾驶证，应当符合公安部规定的驾驶许可条件；经考试合格后，由公安机关交通管理部门发给相应类别的机动车驾驶证。

在道路上学习驾驶技能，要使用教练车，由教练员随车指导，按照公安机关交通管理部门指定的路线、时间进行，与教学无关的人员不得乘坐教练车。学员在学习驾驶中有道路交通安全违法行为或者造成交通事故，由教练员承担责任。

以欺骗、贿赂等不正当手段取得驾驶证被依法撤销驾驶许可的，3 年内不得重新申请驾驶许可。伪造、变造机动车驾驶证构成犯罪的将被依法追究刑事责任。

驾驶人初次申领机动车驾驶证后的 12 个月为实习期。

机动车驾驶人在实习期内不准驾驶公共汽车、营运客车或者执行任务的警车、消防车、救护车、工程救险车以及载有爆炸物品、易燃易爆化学物品、剧毒或者放射性等危险物品的机动车；驾驶的机动车不准牵引挂车。

3. 驾驶人对车辆应负的安全责任

驾驶人驾驶机动车上道路行驶前，应当对机动车的安全技术性能进行认真检查；不得驾驶安全设施不全或者机件不符合技术标准等具有安全隐患的机动车。

驾驶拼装的机动车或者已达到报废标准的机动车上道路行驶的，公安机关交通管理部门应当予以收缴，强制报废；对驾驶人处 200 元以上 2000 元以下罚款，并吊销机动车驾驶证。

4. 驾驶人驾驶行为要求

驾驶机动车上道路行驶，应当悬挂机动车号牌，放置检验合格标志、保险标志，并随车携带机动车行驶证。机动车号牌应当按照规定悬挂并保持清晰、完整，不得故意遮挡、污损。上道路行驶的机动车未放置检验合格标志的，交通警察可依法扣留机动车。

这种遮挡号牌的行为是违法行为

驾驶机动车要随身携带机动车驾驶证，按照驾驶证载明的准驾车型驾驶车辆。驾驶人驾驶证丢失、损毁、超过有效期、被依法扣留或暂扣，不得驾驶机动车。驾驶人饮酒、服用国家管制的精神药品或者麻醉药品，或者患有妨碍安全驾驶机动车的疾病，或者过度疲劳影响安全驾驶的，不得驾驶机动车。

5. 记分制度

公安机关交通管理部门对机动车驾驶人的道路交通安全违法行为除给予行政处罚外，实行道路交通安全违法行为累积记分制度，记分周期为 12 个月。公安机关交通管理部门对累积记分达到规定分值（12 分）的机动车驾驶人，扣留机动车驾驶证，对其进行道路交通安全法律、法规教育，重新考试；考试合格的，发还其机动车驾驶证；考试不合格的，继续参加学习和考试。

机动车驾驶人的道路交通安全违法行为累积记分达到 12 分的，不得驾驶机动车。累积记分达到 12 分，拒不参加公安机关交通管理部门通知的学习，也不接受考试的，由公安机关交通管理部门公告其机动车驾驶证停止使用。

6. 交通信号的分类及通行原则

全国实行统一的道路交通信号。道路交通信号包括交通信号灯、交通标志、交通标线和交通警察指挥手势。

交通信号灯分为机动车信号灯、非机动车信号灯、人行横道信号灯、车道信号灯、方向指示信号灯、闪光警告信号灯、道路与铁路平面交叉道口信号灯。

交通信号灯有红、黄、绿三种颜色，红灯亮表示禁止通行，绿灯亮表示准许通行，黄灯亮表示警示。

交通标志分为指示标志、警告标志、禁令标志、指路标志、旅游区标志、道路施工安全标志和辅助标志。道路交通标线分为指示标线、警告标线、禁止标线。

交通警察的指挥分为手势信号和使用器具的交通指挥信号。

7. 道路通行规定

为了规范交通秩序，提高通行效率，机动车、非机动车和行人实行分道行驶。驾驶机动车在没有划分机动车道、非机动车道和人行道的道路上，机动车在道路中间通行，非机动车和行人在道路两侧通行。

道路划设专用车道的，在专用车道内，只准许规定的车辆通行，为了不影响专用车的正常通行，其他车辆不得进入专用车道内行驶。专用车道规定的专车使用时间之外，其他车辆可以进入专用车道行驶。

在这种情况不得借右侧公交车道超车

驾驶机动车在路口直行遇到红灯亮时，要停在路口停止线以外等待放行信号。右转弯时，在不妨碍被放行车辆、行人通行的情况下，可以通行。

在这种红色信号灯亮的路口只允许机动车向右转弯

驾驶机动车在路口遇到绿色信号灯亮时，准许车辆直行、向左转弯、向右转弯通行。要在确保安全的前提下，尽快通行，转弯车辆不能妨碍被放行的直行车辆、行人通行。

在这种绿色信号灯亮的路口允许机动车直行、向左转弯、向右转弯

驾驶机动车看到黄色信号灯亮时，说明前方路口或道路是危险路段，需要暂时清空。已经越过停止线的车辆可以继续通行，没有越过停止线的车辆不得进入路口，不能加速通过交叉路口，要在停止线以外停车等待。

驾驶机动车在路口遇到黄色闪光警告信号灯持续闪烁时，要减速注意瞭望，确认安全后通过。

驾驶机动车在有方向指示信号灯的路口，按绿色箭头灯亮指示的方向行驶，红色箭头灯亮指示的方向禁止通行。

在路口遇有交通信号灯信号和交通警察指挥手势不一致时，要服从交通警察指挥，遵照交通警察手势通行。

绿色信号灯亮，表示可以通行，但交通警察的手势为停车等待，在路口遇到这种情况应停车等待

驾驶机动车遇到车道上方有信号灯的路段，要选择绿色箭头灯亮的车道通行，不能进入红色叉形灯或者红色箭头灯亮的车道。

最左和最右车道，绿色箭头灯亮；中间车道红色叉形灯亮。在这种情况，中间车道禁止驶入

在道路同方向划有 2 条以上机动车道的，左侧为快速车道，右侧为慢速车道。在快速车道行驶的机动车应当按照快速车道规定的速度行驶，未达到快速车道规定的行驶速度的，应当在慢速车道行驶。

这辆红车所在的车道是最左侧车道，为快速车道

驾驶机动车在道路同方向划有 2 条以上机动车道变更车道时，不得影响相关车道内的机动车的正常行驶。

这辆白色轿车A此时不能向左变更车道，以避免影响C车的正常行驶

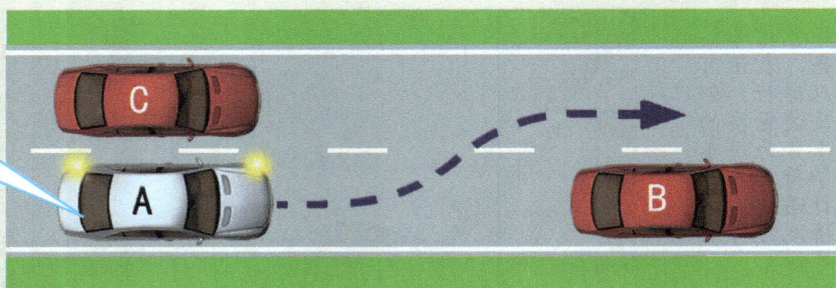

驾驶机动车变更车道前应仔细观察变道一侧车道车流情况，判断有无变更车道的条件。确认没有影响变更车道的安全隐患后，开启转向灯提示其他车辆，缓慢向一侧变更车道。不得迅速转向驶入相应的车道，妨碍同车道机动车正常行驶。

这辆红色轿车变更车道的方法和路线是错误的，因为未开启转向灯，未保持安全距离，妨碍同车道机动车正常行驶

驾驶机动车进入交叉路口前，在虚线区域选择行驶路线变更车道；进入交叉路口实线区域后，要按照地面标线的指示通行，不得变更车道转弯或掉头。

这辆白色轿车进入实线区后不得变更车道

驾驶机动车行驶中，遇到右侧有车辆变更车道时，应减速保持间距，注意避让，不得争道抢行或加速不让。

在右侧有车辆开启左转向灯示意变更车道的情况下，要减速保持间距，注意避让

在以下两种道路情况下可以超车：

1）在虚线一侧的车辆，在不影响其他车辆正常行驶的情况下，可以越虚线超车。

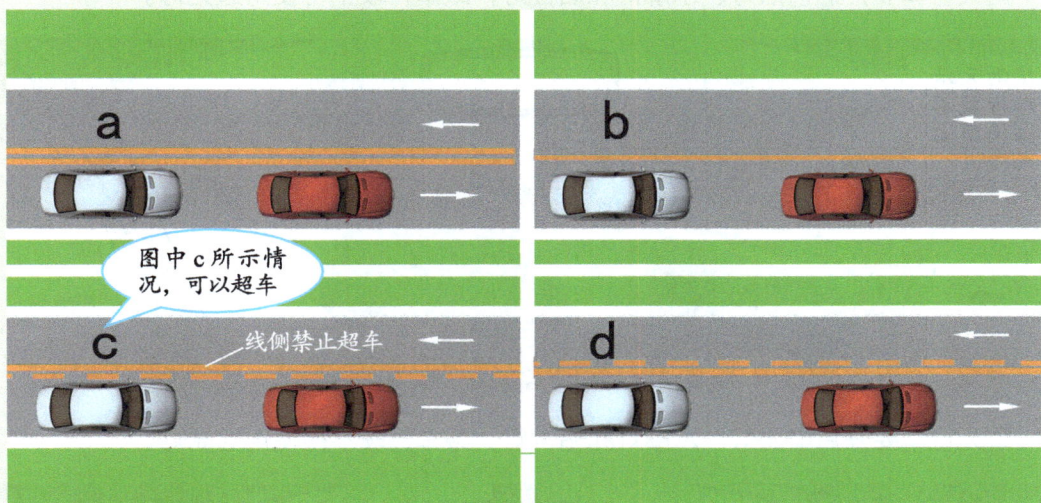

图中c所示情况，可以超车

线侧禁止超车

2）在虚线一侧的车辆，在对面没有来车的情况下，可以越虚线超车。

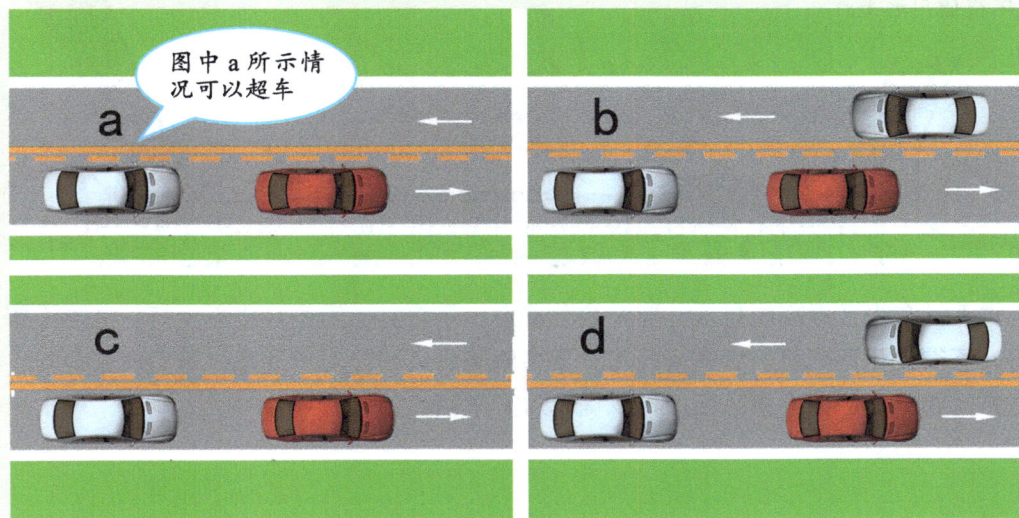

图中a所示情况可以超车

8. 灯光、喇叭使用

车灯的作用不仅仅是为了在夜间照明，它还有一个重要的作用是提示其他机动车驾驶人和行人。夜间驾驶机动车在照明条件良好的路段，也要按规定使用灯光。

驾驶机动车向左转弯、向左变更车道、准备超车、驶离停车地点或者掉头时，提前开启左转向灯，提示后车将要向左变更行驶路线；向右转弯、向右变更车道、超车完毕驶回原车道、靠路边停车时，提前开启右转向灯，提示后车将要向右变更行驶路线。在交叉路口转弯过程中，要持续开启转向灯，告知其他车辆驾驶人。

驾驶机动车在夜间没有路灯、照明不良或者遇有雨、雾、雪、沙尘、冰雹等低能见度情况下行驶时，开启前照灯、示廓灯和后位灯，但同方向行驶的后车与前车近距离行驶时，不得使用远光灯。夜间需要超车时，变换远、近光灯示意是为了提示前车。

雨天行车要开启前照灯、示廓灯和后位灯，跟车行驶不得使用远光灯。

雪天行车要开启前照灯、示廓灯和后位灯，跟车行驶不得使用远光灯。

雾天行车为了提高能见度，要开启防雾灯、示廓灯、后位灯或近光灯、危险报警闪光灯，不得使用远光灯。大雾天行车，要多鸣喇叭，引起对方注意，避免发生危险；听到对方鸣喇叭，应该鸣喇叭回应，以提示对方车辆。

雾天通过交叉路口时，要开启防雾灯、示廓灯、后位灯或近光灯，适时鸣喇叭、减速通过。

驾驶机动车夜间跟车行驶时，不能使用远光灯，以免影响前车驾驶人的视线，引发交通事故。

驾驶机动车在夜间通过交叉路口遇到行人时，不能使用远光灯。

驾驶机动车在夜间通过没有交通信号灯控制的交叉路口时，交替使用远、近光灯，提示其他交通参与者注意来车。

驾驶机动车在夜间通过急弯、坡路、拱桥、人行横道时，要交替使用远、近光灯示意。

驾驶机动车在夜间通过急弯路、坡路时，交替使用远、近光灯示意。

驾驶机动车驶近急弯、坡道顶端等影响安全视距的路段以及超车或者遇有紧急情况时，减速慢行，并鸣喇叭示意，提示对向交通参与者。

驾驶机动车牵引故障车时，牵引车与被牵引的机动车，在行驶中都要开启危险报警闪光灯，最高时速不准超过 30 千米 / 小时。

9. 机动车限速通行

驾驶机动车上道路行驶，有交通标志标明行驶速度的，按照标明的行驶速度行驶，不得超过限速标志标明的最高时速。

　　驾驶机动车在有限速标志的路段行驶，应该严格遵守限速要求，发现车速超过限速标志的速度时，要及时减速。

在车速达到限速时，应该轻踩制动踏板减速

　　驾驶机动车在没有限速标志的路段行驶，应当保持安全车速。在慢速车道内的机动车超越前车时，可以借用快速车道行驶。驾驶机动车超过规定时速50%的行为，会受到200元以上2000元以下罚款，并处吊销机动车驾驶证的处罚。

在这条高速公路上行驶时的最高速度是110千米/小时

　　驾驶机动车在没有中心线的城市道路上行驶，最高行驶速度为30千米/小时。

在这段没有中心线的城市道路上行驶的最高速度是30千米/小时

驾驶机动车在没有中心线的公路上行驶，最高行驶速度为 40 千米 / 小时。

驾驶机动车在没有中心线的道路上行驶，要选择在路中间通行，注意给两侧的非机动车和行人留有充足的通行空间。

驾驶机动车在同方向只有 1 条机动车道的城市道路上行驶，最高行驶速度为 50 千米/小时。

驾驶机动车在同方向只有 1 条机动车道的公路上行驶，最高行驶速度为 70 千米/小时。

在这条同方向只有 1 条机动车道的公路上行驶的最高速度是 70 千米/小时

驾驶机动车遇到沙尘、冰雹、雨、雾、结冰等气象条件时，要降低行驶速度。在冰雪、泥泞道路或遇雾、雨、雪等能见度在 50 米以内时，最高速度不能超过 30 千米/小时。

在冰雪道路上，最高行驶速度是 30 千米/小时

驾驶机动车在进出非机动车道，通过铁路道口、急弯道、窄路、窄桥、下陡坡、转弯、掉头时，最高行驶速度不得超过 30 千米/小时。

在这个急弯道上行驶时的最高速度不能超过 30 千米/小时

10. 跟车与限制超车

驾驶机动车在同车道跟车行驶时，应当与前车保持足以采取紧急制动措施的安全距离。

这两辆车发生追尾的主要原因是后车未与前车保持安全距离

驾驶机动车跟车行驶时，要随时注意观察前车的动态，遇到前车在路口减速或发出转向信号时，要适当减速，加大跟车间距。

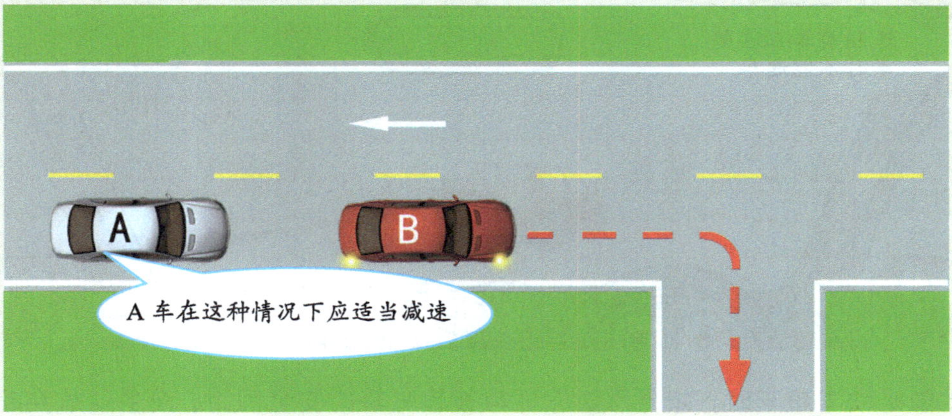

A车在这种情况下应适当减速

驾驶机动车超车时，为了提醒后车以及前车驾驶人，应当提前开启左转向灯，变换使用远、近光灯或者鸣喇叭。在确认有充足的安全距离后，从前车的左侧超越（便于观察，有利安全），在与被超车辆拉开必要的安全距离后，开启右转向灯，驶回原车道。夜间可选择路宽、车少地段超车。

遇到这种情况超车时，从前车的左侧超越

　　驾驶机动车超车时，应该尽快超越，减少并行时间；超越后从右侧后视镜看到被超车全身时，开启右转向灯，驶回右侧车道。

超车时，要尽快超越，减少并行时间

　　驾驶机动车遇到前车正在左转弯、掉头、超车或与对面来车有会车可能时，不得超车。

遇到前车正在超车时不能超车

　　驾驶机动车超车时，如果无法保证与被超车辆的安全间距，应主动放弃超车。超车过程中遇到对向来车时，继续超车易与对面机动车发生刮擦、相碰，要放弃超车。

遇到对向来车时要放弃超车

驾驶机动车行经铁路道口、交叉路口时，由于路口内交通情况复杂，易发生交通事故，不得超车。

跟车行经路口不得加速超车

驾驶机动车行经窄桥、弯道、陡坡、隧道、人行横道、市区交通流量大的路段等没有超车条件时，不得超车。

在行经人行横道时不得加速超车

驾驶机动车不得超越前方执行紧急任务的警车、消防车、救护车、工程救险车。

在道路上遇到前方为执行紧急任务的警车时不得从两侧超车

驾驶机动车在没有道路中心线或者同方向只有1条机动车道的道路上，遇后车发出超车信号时，在条件许可的情况下，应当降低速度、靠右让路，给后车让出足够的超车空间。

在没有道路中心线的道路上要从右侧超车

11. 会车规定

驾驶机动车在划有道路中心线的道路上会车时，应做到保持安全速度，不越线行驶，跨越双实线行驶属于违法行为。在没有中心隔离设施或者没有中心线的道路上，机动车遇相对方向来车时应当减速靠右行驶，并与其他车辆、行人保持必要的安全距离。

在没有道路中心线的道路上遇相对方向来车时，必须减速靠右行驶

驾驶机动车在有障碍的路段会车，无障碍的一方先行；但有障碍的一方已驶入障碍路段而无障碍的一方未驶入时，有障碍的一方先行。

遇到对向来车已驶入障碍路段时，应停车让对方车辆通过

驾驶机动车会车，遇到对方来车一侧有障碍时，要减速，注意观察对方车辆的动态，当对方车辆停车让行后，才能通过有障碍路段。

遇到在障碍路段，对向来车已停车让行这种情况可以优先通行

驾驶机动车在狭窄的山路会车，靠山体的一方相对安全，不靠山体的一方优先行驶。

在狭窄的坡路会车时，上坡的一方先行；但下坡的一方已行至中途而上坡的一方未上坡时，下坡的一方先行。

遇到这种情况让对向下坡车先行

驾驶机动车夜间会车应当在距相对方向来车 150 米以外改用近光灯，使用远光灯会造成驾驶人出现眩目，易引发危险。夜间在窄路、窄桥与非机动车会车时应当使用近光灯。

12. 交叉路口、铁路道口及渡口通行

驾驶机动车通过交叉路口时，要严格遵守法律法规有关规定，具有优先通行权的车辆先行。

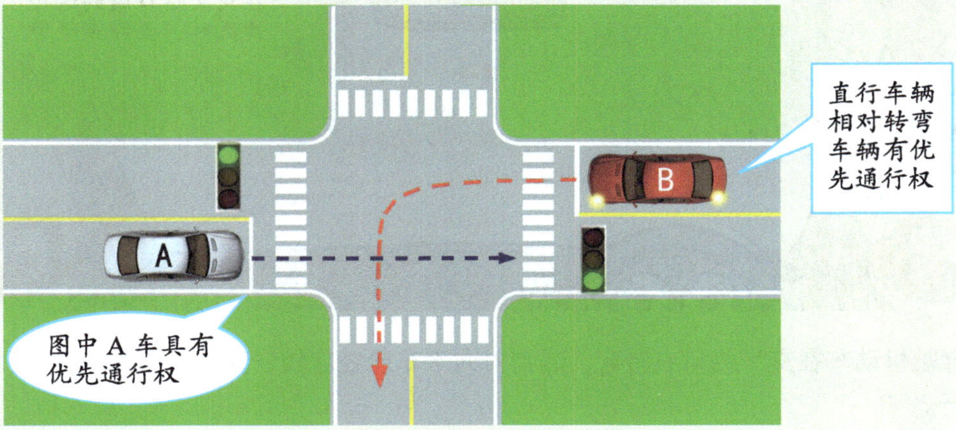

直行车辆相对转弯车辆有优先通行权

图中 A 车具有优先通行权

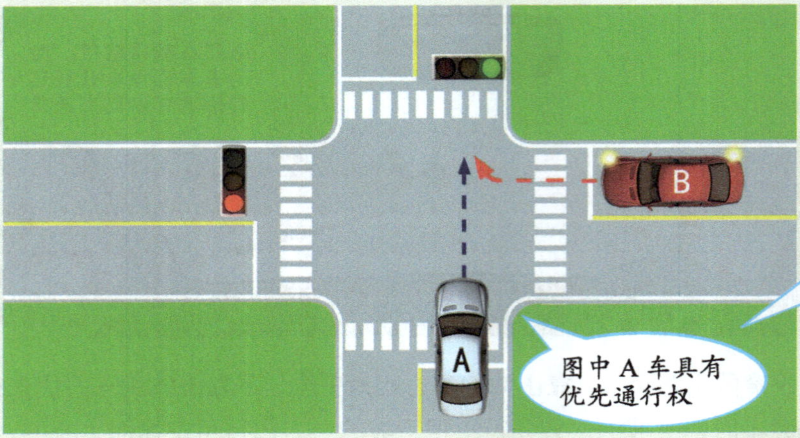

直行车辆相对转弯车辆有优先通行权

图中 A 车具有优先通行权

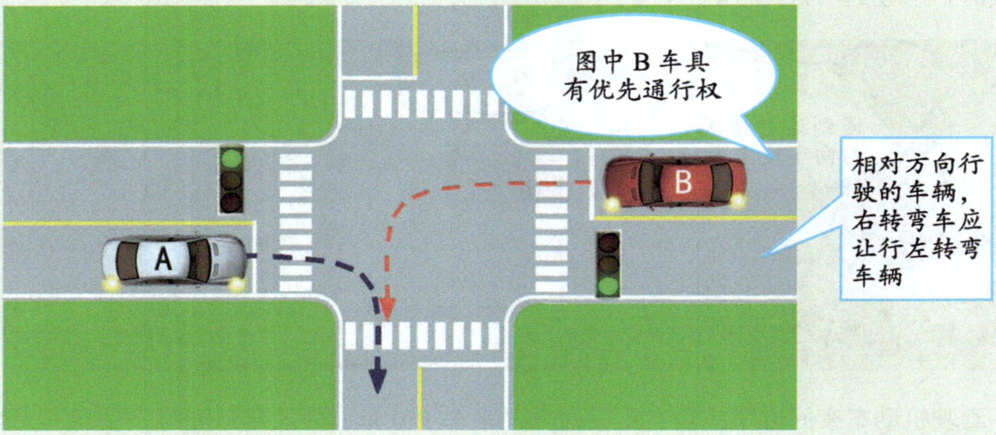

图中 B 车具有优先通行权

相对方向行驶的车辆，右转弯车应让行左转弯车辆

驾驶机动车通过交叉路口要遵守交通信号，按照交通信号灯、交通标志、交通标线或者交通警察的指挥通过；遇放行信号时，依次通过；遇停止信号时，依次停在停止线以外。没有停止线的，停在路口以外。

在交叉路口遇到这种情况时，要停车等待

驾驶机动车在交叉路口右转弯，遇到对面来车已经左转弯时，要减速或停车让对面车先行。

> 在这个路口右转弯，应让对面车左转弯先行

驾驶机动车通过有交通信号灯控制的交叉路口，在划有导向车道的路口，按所需行进方向驶入导向车道。

> 在这个路口左转弯时，应选择最左侧车道

驾驶机动车驶进导向车道实线区域后，要按照导向箭头继续向前行驶，不得向左或向右变更车道。

> 在这个路口位置只能左转或者直行

驾驶机动车通过没有交通信号灯、交通标志、交通标线或者交通警察指挥的交叉路口时，应当减速慢行，并让行人和优先通行的车辆先行。

通过没有交通信号灯的交叉路口，要减速慢行

驾驶机动车通过环形路口时，准备进入环形路口的让已在路口内的机动车先行。

准备进入环形路口的应让已在路口内的车辆先行

驾驶机动车准备进入环形路口，发现左侧有密集的车辆时，为了保证车后车流的畅通，应减速礼让接近的车辆先进入路口。

不得加速与左侧车辆抢行

驾驶机动车在路口向左转弯时，靠路口中心点左侧转弯。转弯时开启转向灯，夜间行驶开启近光灯。

驾驶机动车在绿灯亮的交叉路口，遇有前方车辆停车排队时，应依次排队等候。不得超车或者穿插等候的车辆。

驾驶机动车在交叉路口向右转弯遇有同车道前车正在等候放行信号时，应依次停车等候。

驾驶机动车驶近右前方路口视野受阻的路段，为避免有车辆从路口突然冲出引发危险，应当降低车速，鸣喇叭提醒侧方道路来车。不得因有优先通行权，而加速通过。

驾驶机动车在没有方向指示信号灯或交通信号指示的交叉路口，转弯的机动车都应让直行的车辆和行人先行。

驾驶机动车通过没有交通信号灯控制也没有交通警察指挥的交叉路口，有交通标志、标线控制的，让优先通行的一方先行。

驾驶机动车在有减速让行标志的路口，一定要减速让行，向左转头观察左侧路口交通情况，确认不影响其他车辆通行时迅速通过路口。

通过减速让行标志的路口时要减速让行

驾驶机动车通过有停车让行标志的路口，一定要停车观察左侧路口交通情况，在不影响其他车辆通行时起步通过路口。

通过有停车让行标志的路口时要停车让行

驾驶机动车通过没有交通标志、标线控制的路口前，应停车瞭望，让右方道路的来车先行。

在没有交通标志、标线控制的路口直行时，遇这种情况应停车瞭望让右方道路车辆先行

驾驶机动车通过没有交通信号灯、交通标志、交通标线控制的路口，相对方向行驶的右转弯的机动车让左转弯的车辆先行。

驾驶机动车通过铁路道口时，应当按照交通信号或者管理人员的指挥通行；没有交通信号或者管理人员的，应当减速或者停车，在确认安全后通过。

驾驶机动车在道路与铁路平面交叉道口，遇有两个红灯交替闪烁或者一个红灯亮时，表示禁止车辆、行人通行；红灯熄灭时，表示允许车辆、行人通行。

驾驶机动车在铁路道口遇到两个红灯交替闪烁或一个红灯亮时，要停在道口停止线以外等待，不得加速通过道口。没有停止线的铁路道口，要停在距离道口 50 米以外。铁路道口红灯熄灭时，允许车辆通行，但不得加速通过道口。

驾驶机动车行经渡口，应当服从渡口管理人员指挥，在指定地点依次待渡。机动车上下渡船时，应当低速慢行。

13. 缓行、拥堵路段交替通行

驾驶机动车遇有前方车辆停车排队等候或者缓慢行驶时，不得借道超车或者占用对面车道，不得穿插等候的车辆。强行穿插等候或者缓慢行驶的车辆，会扰乱正常的车流，加重拥堵。

驾驶机动车在拥堵路段排队行驶时，遇有其他车辆强行穿插行驶，要减速或停车让行，不得迅速提高车速不让其穿插、持续鸣喇叭警告或迅速左转躲避。

驾驶机动车直行通过交叉路口时，遇到路口内因堵塞有滞留车辆时，要在路口停止线以外停车，等前方道路疏通后，且绿色信号灯亮时方可继续行驶。

驾驶机动车遇有前方交叉路口交通阻塞时，应当依次停在路口停止线以外等候，不得进入路口。

机动车在遇有前方机动车停车排队等候或者缓慢行驶时，应当依次排队，不得在网状线区域内停车等候。

遇到这种情况的路段，不得进入网状线区域内停车等候，应停在路口外等候

驾驶机动车在遇有前方机动车停车排队等候或者缓慢行驶时，应当依次排队，不得从前方车辆两侧穿插或者超越行驶，不得在人行横道内停车等候。

这辆小轿车不能在人行横道上停车

驾驶机动车在车道减少的路段、路口，或者在没有交通信号灯、交通标志、交通标线也没有交通警察指挥的交叉路口，遇到前方车辆停车排队等候或者缓慢行驶时，为保证安全有序，应当每车道一辆依次交替驶入车道减少后的路口、路段。

在车道减少路段，要在红车后依次驶入车道减少后的道路

驾驶机动车在辅路行驶，遇有车辆从主路口进入辅路时，由于主路车流量大、速度快，应该让主路车辆先行。

14. 通过漫水路、漫水桥

驾驶机动车行经漫水路或者漫水桥时，应当停车察明水情，确认安全后，谨慎慢行，低速通过涉水路段，不得空档滑行。在涉水路段跟车行驶时，适当增加车距，不得紧跟其后、并行或超越前车抢先通过。

驾驶机动车遇到这种漫水桥时，应停车察明水情

15. 机动车避让行人

驾驶机动车行经人行横道时，既使人行横道没有行人通过，也应当减速行驶，不得加速通过。

行经这种交通标线的路段要减速行驶

驾驶机动车遇行人正在通过人行横道时，行人享有优先通行权，应当停车让行。

这种情况下，行人享有优先通行权，应停车让行

驾驶机动车越过停在人行道前的车辆时，应减速行驶，随时准备停车让行盲区里横过道路的行人。

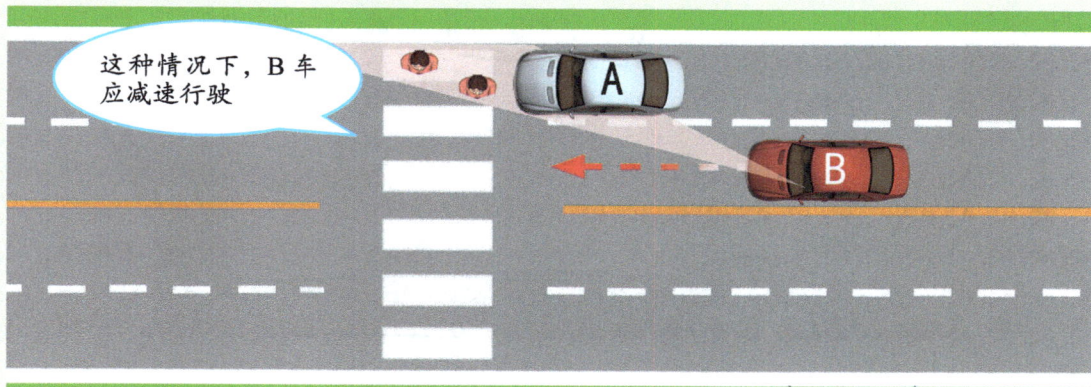

这种情况下，B车应减速行驶

驾驶机动车越过停在人行道前的车辆时，要减速行驶，发现有人影或行人横过道路，不要存侥幸心理，立即停车让行。

这种情况下，应立即停车让行

注意观察盲区

驾驶机动车行经没有交通信号的道路，遇行人横过道路时，应当及时采取停车避让措施。

遇到这种情形时要停车避让行人

　　驾驶机动车通过前方路口，遇行人突然从停着的车后横过道路时，要及时减速或停车避让行人，不可靠左侧行驶躲避或赶在行人前加速通过。

注意观察

遇到这种情形时要减速、停车避让行人

16. 掉头与倒车

　　驾驶机动车在没有禁止掉头或者没有禁止左转弯标志、标线的地点可以掉头，但不得妨碍正常行驶的其他车辆和行人的通行。

在这段道路上，在不影响其他车辆通行的前提下可以掉头

　　驾驶机动车在有中心虚线的道路上，只要后方、对向无来车，就可以掉头。

在这段道路上，只要后方、对向无来车，就可以掉头

　　驾驶机动车在设有允许掉头标志的路口，在确保安全和不影响其他车辆正常行驶的前提下可以掉头。

驾驶机动车在设有允许掉头标线的路口，在确保安全和不影响其他车辆正常行驶的前提下可以掉头。

驾驶机动车在有禁止左转弯标志、标线的路口及地点，不得掉头。在人行横道上为了避免妨碍行人正常通行，确保行人安全，禁止掉头。

驾驶机动车在有禁止掉头标志的路口及地点，不得掉头。

驾驶机动车在有中心实线的道路上行驶，即使前、后方没有来车，也不允许掉头。

驾驶机动车在铁路道口、人行横道、桥梁、急弯、陡坡、隧道或者容易发生危险的路段，不得掉头。

交叉路口、铁路道口交通情况复杂，容易造成交通堵塞甚至引发事故，驾驶机动车通过交叉路口、铁路道口时不得倒车。

驾驶机动车倒车时，应当察明车后情况，确认安全后倒车。不得在单行路、桥梁、急弯、陡坡或者隧道内倒车。

17. 安全带使用要求

驾驶机动车行驶时，驾驶人、乘坐人员应当按规定使用安全带，儿童乘车要使用儿童安全座椅并系好安全带。

18. 故障车警示

驾驶机动车在道路上发生故障，需要停车排除故障时，驾驶人应当立即开启危险报警闪光灯，将机动车移至不妨碍交通的地方停放。

驾驶机动车在道路上发生故障，妨碍交通又难以移动的，应当持续开启危险报警闪光灯并在车后 50 米至 100 米处设置警告标志，夜间还应当同时开启示廓灯和后位灯，必要时迅速报警。

这辆故障车的违法行为是设置的警告标志不符合规定

19. 避让特种车辆

驾驶机动车遇到执行紧急任务的警车、消防车、救护车、工程救险车时，应当及时让行。

这辆蓝色轿车应及时让行

驾驶机动车在路口，遇到后方有执行任务的救护车驶来时，要靠右减速让路，不得立即停车或向左转弯让路。

这辆红色轿车不得继续行驶

驾驶机动车遇到进行作业的道路养护车辆、工程作业车时，应当注意避让。

20. 机动车停车

驾驶机动车应当在停车泊位或其他规定地点停放，禁止在设有禁停标志、标线的路段停放机动车。在道路上临时停车的，不得妨碍其他车辆和行人通行。

> 这辆路边临时停放机动车的违法行为是在有禁停标线的路段停车

> 黄色实线为禁止路边停车线

驾驶机动车不得在机动车道与非机动车道、人行道之间设有隔离设施的路段停车。

> 这个路段不得在非机动车道上临时停车

驾驶机动车不得在人行横道、施工地段停车。

> 驾驶机动车在人行横道上临时停车属于违法行为

驾驶机动车在交叉路口、铁路道口、急弯路、宽度不足 4 米的窄路、桥梁、陡坡、隧道以及距离上述地点 50 米以内的路段，不得停车。

在距这段路 50 米以内不能停放机动车

驾驶机动车在距离公共汽车站 30 米以内的路段，除使用公共汽车站设施的车辆以外，不得停车。

这辆路边临时停放机动车的违法行为是在公共汽车站停车

驾驶机动车在急救站、加油站、消防栓或者消防队（站）门前以及距离上述地点 30 米以内的路段，除使用上述设施的车辆以外，不得停车。

这辆临时停放红色轿车的违法行为是距离加油站不到 30 米

驾驶人在车辆停稳前不得开车门和上下人员，开关车门不得妨碍其他车辆和行人通行；路边停车应当紧靠道路右侧，机动车驾驶人不得离车，上下人员或者装卸物品后，立即驶离。

21. 高速公路最高限速

驾驶小型载客汽车在高速公路上行驶的最高车速不得超过 120 千米 / 小时，其他机动车不得超过 100 千米 / 小时，最低车速不得低于 60 千米 / 小时。

驾驶小型载客汽车在同方向有 2 条车道的道路上行驶时，左侧车道的最低车速为 100 千米 / 小时。

驾驶小型载客汽车在同方向有 3 条以上机动车道的最左侧车道行驶时，车速应保持 110 ～ 120 千米 / 小时。

驾驶小型载客汽车在同方向有 3 条以上机动车道的中间车道行驶时，最低车速为 90 千米 / 小时。

驾驶小型载客汽车在同方向有 3 条以上机动车道的最左侧车道行驶时，最低车速为 60 千米 / 小时。

驾驶小型载客汽车在同方向有 3 条车道的高速公路上行车，车速超过 100 千米 / 小时，应在最左侧车道上行驶。

驾驶小型载客汽车在道路限速标志标明的车速与车道行驶车速的规定不一致的，按照道路限速标志标明的车速行驶。

在这条车道行驶的最高车速是 90 千米 / 小时

22. 高速公路安全行驶

驾驶机动车从匝道驶入高速公路，应当开启左转向灯，在不妨碍已在高速公路内的机动车正常行驶的情况下驶入车道。

在这个位置时开启左转向灯

驾驶机动车从匝道驶入高速公路加速车道后，迅速将车速提升到 60 千米 / 小时，不得未经加速车道，直接驶入高速公路行车道。

不得从这个位置直接驶入高速公路行车道

驾驶机动车在高速公路上行驶，车速超过 100 千米 / 小时时，应当与同车道前车保持 100 米以上的距离，车速低于 100 千米 / 小时时，与同车道前车距离可以适当缩短，但最小距离不得少于 50 米。遇有雾、雨、雪、沙尘、冰雹等低能见度气象条件时，根据能见度使用灯光、控制行驶速度和保持安全距离。

能见度	开启灯光	车速	跟车距离或应急措施
小于 200 米	雾灯、近光灯、示廓灯、前后位灯	不得超过 60 千米 / 小时	与同车道前车保持 100 米以上距离
小于 100 米	雾灯、近光灯、示廓灯、前后位灯、危险报警闪光灯	不得超过 40 千米 / 小时	与同车道前车保持 50 米以上距离
小于 50 米	雾灯、近光灯、示廓灯、前后位灯、危险报警闪光灯	不得超过 20 千米 / 小时	最近的出口尽快驶离高速公路

在高速公路最左侧车道行驶时，驶离高速公路前，要向右每次变更一条车道，直到最右侧车道。不得立即减速后直接变更到最右侧车道，不可加速超越右侧车辆后向右变更车道。

向右每次变更一条车道

驾驶机动车驶离高速公路时，应当开启右转向灯，驶入减速车道，降低车速后驶离。

进入减速车道时开启右转向灯

驾驶机动车从匝道驶出高速公路时，提前减速，先驶入减速车道，不得未经减速车道，直接驶入匝道。

驶离高速公路不得从这个位置直接驶入匝道

驾驶机动车在高速公路上行驶不得有下列行为:

1）倒车、逆行、穿越中央分隔带掉头或者在车道内停车。

2）在匝道、加速车道或者减速车道上超车。

3）骑、轧车行道分界线或者在路肩上行驶。

4）非紧急情况下在应急车道行驶或者停车。

5）试车或者学习驾驶机动车。

23. 事故现场

驾驶机动车在道路上发生交通事故,驾驶人应当立即停车,保护现场;事故造成人身伤亡时,驾驶人应当立即抢救受伤人员,不得移动肇事车辆,并迅速报告执勤的交通警察或者公安机关交通管理部门。因抢救受伤人员变动现场的,应当标明位置。乘车人、过往车辆驾驶人、过往行人应当予以协助。

驾驶机动车在道路上发生轻微交通事故,未造成人身伤亡,当事人对事实及成因无争议的,可以即行撤离现场,恢复交通,自行协商处理损害赔偿事宜。

24. 驾驶机动车禁止行为

驾驶机动车不得有下列行为:

1）在车门、车厢没有关好时行车。

2）在机动车驾驶室的前后窗范围内悬挂、放置妨碍驾驶人视线的物品。

3）拨打接听手持电话、观看电视等妨碍安全驾驶的行为。

4）下陡坡时熄火或者空档滑行。

5）向道路上抛撒物品。

6）连续驾驶机动车超过 4 小时未停车休息或者停车休息时间少于 20 分钟。

7）在禁止鸣喇叭的区域或者路段鸣喇叭。

（二）刑法

1. 交通肇事

驾驶人违反交通运输管理法规，因而发生重大事故，致人重伤、死亡或者使公私财产遭受重大损失的，处 3 年以下有期徒刑或者拘役。同时构成其他犯罪的，依照处罚较重的规定定罪处罚。

2. 肇事逃逸

交通运输肇事后逃逸或者有其他特别恶劣情节的，处 3 年以上 7 年以下有期徒刑；因逃逸致人死亡的，处 7 年以上有期徒刑。同时构成其他犯罪的，依照处罚较重的规定定罪处罚。

3. 追逐竞驶

驾驶人在道路上驾驶机动车追逐竞驶，情节恶劣的，处拘役，并处罚金。同时构成其他犯罪的，依照处罚较重的规定定罪处罚。

4. 醉酒驾驶

驾驶人在道路上醉酒驾驶机动车的，处拘役，并处罚金。同时构成其他犯罪的，依照处罚较重的规定定罪处罚。

5. 交通肇事罪

酒后、吸食毒品后驾驶机动车，无驾驶资格驾驶机动车，严重超载驾驶，为逃避法律追究逃离事故现场等行为，造成交通肇事致 1 人以上重伤，负事故全部或者主要责任的，构成交通肇事罪。

（三）道路交通安全违法行为处理程序规定

1. 扣留车辆的情形

有下列情形之一的，依法扣留车辆：

1）上道路行驶的机动车未悬挂机动车号牌，未放置检验合格标志、保险标志，或者未随车携带机动车行驶证、驾驶证的。

2）有伪造、变造或者使用伪造、变造的机动车登记证书、号牌、行驶证、检验合格标志、保险标志、驾驶证的。

3）使用其他车辆的机动车登记证书、号牌、行驶证、检验合格标志、保险标志嫌疑的；

4）未按照国家规定投保机动车交通事故责任强制保险的。

5）机动车有拼装或者达到报废标准嫌疑的。

6）发生道路交通事故，因收集证据需要的事故车。

2. 扣留机动车驾驶证的情形

有下列情形之一的，依法扣留机动车驾驶证：

1）饮酒后驾驶机动车的。

2）将机动车交由未取得机动车驾驶证或者机动车驾驶证被吊销、暂扣的人驾驶的。

3）机动车行驶超过规定时速 50% 的。

4）驾驶有拼装或者达到报废标准嫌疑的机动车上道路行驶的。

5）在 1 个记分周期内累积记分达到 12 分的。

（四）交通事故处理程序规定

1. 现场报警和处置

道路交通事故有下列情形之一的，当事人应当保护现场并立即报警：

1）造成人员死亡、受伤的。

2）发生财产损失事故，当事人对事实或者成因有争议的，以及虽然对事实或者成因无争议，但协商损害赔偿未达成协议的。

3）机动车无号牌、无检验合格标志、无保险标志的。

4）载运爆炸物品、易燃易爆化学物品以及毒害性、放射性、腐蚀性、传染病病源体等危险物品车辆的。

5）碰撞建筑物、公共设施或者其他设施的。

6）驾驶人无有效机动车驾驶证的。

7）驾驶人有饮酒、服用国家管制的精神药品或者麻醉药品嫌疑的。

8）当事人不能自行移动车辆的。

2. 自行协商事故处理

机动车与机动车、机动车与非机动车发生财产损失事故，当事人对事实及成因无争议的，可以自行协商处理损害赔偿事宜。车辆可以移动的，当事人应当在确保安全的原则下对现场拍照或者标划事故车辆现场位置后，立即撤离现场，将车辆移至不妨碍交通的地点，再进行协商。

3. 事故现场的强制撤离

机动车发生财产损失交通事故，对应当自行撤离现场而未撤离的，交通警察应当责令当事人撤离现场。造成交通堵塞的，可以对驾驶人处以 200 元罚款。驾驶人有其他道路交通安全违法行为的，依法一并处罚。

（五）机动车驾驶证申领和使用规定

1. 机动车驾驶许可

驾驶机动车，应当依法取得机动车驾驶证，按照驾驶证载明的准驾车型驾驶车辆。在道路上学习驾驶技能，应当使用教练车，且需教练员随车指导。

2. 机动车驾驶证种类、准驾车型和有效期

机动车（汽车类）驾驶人准予驾驶的车型顺序依次分为：大型客车、重型牵引挂车、城市公交车、中型客车、大型货车、小型汽车、小型自动档汽车、低速载货汽车、三轮汽车、残疾人专用小型自动档载客汽车、轮式专用机械车、轻型牵引挂车、无轨电车和有轨电车。

准驾车型及代号（汽车类）

准驾车型	代号	准驾的车辆	准予驾驶的其他准驾车型
大型客车	A1	大型载客汽车	A3、B1、B2、C1、C2、C3、C4、C5（上肢残疾人专用小型自动档载客汽车）M
重型牵引挂车	A2	总质量大于 4500kg 的汽车列车	B1、B2、C1、C2、C3、C4、C5（上肢残疾人专用小型自动档载客汽车）、C6、M
城市公交车	A3	核载 10 人以上的城市公共汽车	C1、C2、C3、C4、C5（上肢残疾人专用小型自动档载客汽车）
中型客车	B1	中型载客汽车（含核载 10 人以上、19 人以下的城市公共汽车）	C1、C2、C3、C4、C5（上肢残疾人专用小型自动档载客汽车）M
大型货车	B2	重型、中型载货汽车；重型、中型专项作业车	
小型汽车	C1	小型、微型载客汽车以及轻型、微型载货汽车；轻型、微型专项作业车	C2、C3、C4、C5（上肢残疾人专用小型自动档载客汽车）
小型自动档汽车	C2	小型、微型自动档载客汽车以及轻型、微型自动档载货汽车；轻型、微型自动档专项作业车	C5（上肢残疾人专用小型自动档载客汽车）
低速载货汽车	C3	低速载货汽车	C4
三轮汽车	C4	三轮汽车	
残疾人专用小型自动档载客汽车	C5	残疾人专用小型、微型自动档载客汽车（允许上肢、右下肢或者双下肢残疾人驾驶）	
轻型牵引挂车	C6	总质量小于（不包含等于）4500kg 的汽车列车	

（续）

准驾车型	代号	准驾的车辆	准予驾驶的其他准驾车型
轮式专用机械车	M	轮式专用机械车	
无轨电车	N	无轨电车	
有轨电车	P	有轨电车	

机动车驾驶证有效期分为六年、十年和长期，初次申领的机动车驾驶证的有效期为6年。

3. 机动车驾驶证申请条件

申请小型汽车、小型自动档汽车、残疾人专用小型自动档载客汽车车型的，在18周岁以上。申请大型货车的，在20周岁以上，63周岁以下。申请低速载货汽车、三轮汽车准驾车型的，在18周岁以上，63周岁以下。

初次申领机动车驾驶证的，可以申请准驾大型货车、小型汽车、小型自动档汽车、低速载货汽车、三轮汽车、残疾人专用小型自动档载客汽车、普通三轮摩托车、普通二轮摩托车等机动车驾驶证。

有下列情形之一的，不得申请机动车驾驶证：

1）有红绿色盲、癫痫病、精神病等妨碍安全驾驶疾病的。

2）三年内有吸食、注射毒品行为或者解除强制隔离戒毒措施未满三年。

3）造成交通事故后逃逸构成犯罪的。

4）饮酒后或者醉酒驾驶机动车发生重大交通事故构成犯罪的。

4. 驾驶人考试内容和考试标准

小型汽车、低速载货汽车科目二考试内容包括倒车入库、坡道定点停车和起步、侧方停车、曲线行驶、直角转弯。小型自动档汽车、残疾人专用小型自动档载客汽车考试倒车入库、侧方停车、曲线行驶、直角转弯。科目三考试分为道路驾驶技能考试和安全文明驾驶常识考试两部分。科目二考试满分为100分，成绩达到80分的为合格；科目三道路驾驶技能和安全文明驾驶常识考试满分分别为100分，成绩分别达到90分的为合格。

申请人的学习驾驶证明的有效期为三年，但有效期截止日期不得超过申请年龄条件上限。在学习驾驶证明有效期内，科目二和科目三道路驾驶技能考试预约考试的次数分别不得超过五次。申请人因故不能按照预约时间参加考试的，应当提前一日申请取消预约。对申请人未按照预约考试时间参加考试的，判定该次考试不合格。

申请人在考试过程中有贿赂、舞弊行为的，取消考试资格，已经通过考试的其他科目成绩无效，公安机关交通管理部门处二千元以下罚款；申请人在一年内不得再次申领机动车驾驶证。

申请人以欺骗、贿赂等不正当手段取得机动车驾驶证的，公安机关交通管理部门收缴机动车驾驶证，撤销机动车驾驶许可，处二千元以下罚款，申请人在三年内不得再次申领机动车驾驶证。

申请人隐瞒有关情况或者提供虚假材料申请机动车驾驶证的，公安机关交通管理部门不予受理或者不予办理，处五百元以下罚款，申请人在一年内不得再次申请机动车驾驶证。

5. 驾驶证实习期

机动车驾驶人初次取得汽车类准驾车型后的 12 个月为实习期。在实习期内驾驶机动车的，应当在车身后部粘贴或者悬挂统一式样的实习标志。驾驶人在实习期内驾驶机动车上高速公路行驶，应当由持相应或者包含其准驾车型驾驶证三年以上的驾驶人陪同。机动车驾驶人在实习期内驾驶机动车不得牵引挂车。

6. 有效期满、转入、变更换证

机动车驾驶人在机动车驾驶证的六年有效期内，每个记分周期均未记满 12 分的，换发十年有效期的机动车驾驶证。在机动车驾驶证的十年有效期内，每个记分周期均未记满 12 分的，换发长期有效的机动车驾驶证。

机动车驾驶人应当于机动车驾驶证有效期满前九十日内，向机动车驾驶证核发地或者核发地以外的车辆管理所申请换证。有效期满换领驾驶证时，须提交医疗机构出具的身体条件证明。

机动车驾驶人户籍迁出原车辆管理所管辖区的，应当向迁入地车辆管理所申请换证。机动车驾驶人在核发地车辆管理所管辖区以外居住的，可以向居住地车辆管理所申请换证。机动车驾驶人自愿降低准驾车型的，应当到机动车驾驶证核发地或者核发地以外的车辆管理所换领准驾车型的机动车驾驶证。

在车辆管理所管辖区域内，机动车驾驶证记载的机动车驾驶人信息发生变化的，机动车驾驶人应当在三十日内到机动车驾驶证核发地或者核发地以外的车辆管理所申请换证。

7. 驾驶证遗失补证

机动车驾驶证遗失的，机动车驾驶人应当向机动车驾驶证核发地或者核发地以外的车辆管理所申请补发。机动车驾驶人补领机动车驾驶证后，原机动车驾驶证作废，不得继续使用。机动车驾驶证被依法扣押、扣留或者暂扣期间，机动车驾驶人不得申请补发。

8. 违法记分管理制度

公安机关交通管理部门对机动车驾驶人的道路交通安全违法行为，除给予依法行政处罚外，实行道路交通安全违法行为累积记分制度，记分周期（即记分周期）为 12 个月，满分为 12 分。

9. 驾驶证注销

机动车驾驶人被查获有吸食、注射毒品后驾驶机动车行为，依法被责令社区戒毒、社区康复或者决定强制隔离戒毒，或者长期服用依赖性精神药品成瘾尚未戒除的，或者超过机动车驾驶证有效期一年以上未换证的，车辆管理所应当注销其机动车驾驶证。

超过机动车驾驶证有效期一年以上未换证，被注销机动车驾驶证未超过两年的，机动车驾驶人参加道路交通安全法律、法规和相关知识考试合格后，可以恢复驾驶资格。

被注销机动车驾驶证后，机动车驾驶证在有效期内或者超过有效期不满一年的，机动车驾驶人提交身体条件证明后，可以恢复驾驶资格。

机动车驾驶人在实习期内发生道路交通安全违法行为被记满 12 分的，注销其实习的准驾车型驾驶资格。

10. 驾驶证审验

机动车驾驶证有效期满换领驾驶证时，应当接受公安机关交通管理部门的审验。持有大中型客货车准驾车型以外的准驾车型驾驶证的驾驶人，发生交通事故造成人员死亡承担同等以上责任未被吊销机动车驾驶证的，应当在本记分周期结束后三十日内到公安机关交通管理部门接受审验。机动车驾驶人可以在机动车驾驶证核发地或者核发地以外的地方参加审验、提交身体条件证明。

机动车驾驶证审验内容包括：

（一）道路交通安全违法行为、交通事故处理情况；

（二）身体条件情况；

（三）道路交通安全违法行为记分及记满 12 分后参加学习和考试情况。

机动车驾驶人因服兵役、出国（境）等原因，无法在规定时间内办理驾驶证期满换证、审验、提交身体条件证明的，可以在驾驶证有效期内或者有效期届满一年内，向机动车驾驶证核发地车辆管理所申请延期办理。延期期限最长不超过三年。延期期间，机动车驾驶人不得驾驶机动车。

11. 驾驶人体检

年龄在 70 周岁以上的机动车驾驶人，应当每年进行一次身体检查，检查是否患有妨碍安全驾驶的疾病。在记分周期结束后三十日内，提交医疗机构出具的有关身体条件的证明。

12. 法律责任

机动车驾驶人补领机动车驾驶证后，继续使用原机动车驾驶证的，由公安机关交通管理部门处二十元以上二百元以下罚款。

持有大型客车、重型牵引挂车、城市公交车、中客车、大型货车驾驶人从业单位等信息发生变化的，应当在信息变更后三十日内，向驾驶证核发地车辆管理所备案。未按规定申报变更信息的，由公安机关交通管理部门处二十元以上二百元以下罚款。

（六）道路交通安全违法行为记分

道路交通安全违法行为记分周期为 12 个月，满分为 12 分。记分周期自机动车驾驶人初次领取机动车驾驶证之日起连续计算，或者自初次取得临时机动车驾驶许可之日起累积计算。

1. 记分分值

根据交通违法行为的严重程度，一次记分的分值为 12 分、9 分、6 分、3 分、1 分。

道路交通安全违法行为记分分值（小型汽车）

记分分值	交通违法行为记分项目
一次记12分	1）饮酒后驾驶机动车的 2）造成致人轻伤以上或者死亡的交通事故后逃逸，尚不构成犯罪的 3）使用伪造、变造的机动车号牌、行驶证、驾驶证、校车标牌或者使用其他机动车号牌、行驶证的 4）驾驶小型载客汽车载人超过核定人数 100% 以上的 5）驾驶小型机动车在高速公路、城市快速路上行驶超过规定时速 50% 以上的 6）驾驶机动车在高速公路、城市快速路上倒车、逆行、穿越中央分隔带掉头的 7）代替实际机动车驾驶人接受交通违法行为处罚和记分牟取经济利益的
一次记9分	1）驾驶 7 座以上载客汽车载人超过核定人数 50% 以上未达到 100% 的 2）驾驶机动车在高速公路或者城市快速路上违法停车的 3）驾驶未悬挂机动车号牌或者故意遮挡、污损机动车号牌的机动车上道路行驶的 4）驾驶与准驾车型不符的机动车的
一次记6分	1）驾驶小型载客汽车载人超过核定人数 50% 以上未达到 100% 的 2）驾驶小型机动车在高速公路、城市快速路上行驶超过规定时速 20% 以上未达到 50%，或者在高速公路、城市快速路以外的道路上行驶超过规定时速 50% 以上的 3）驾驶载货汽车载物超过最大允许总质量 50% 以上的 4）驾驶机动车运输危险化学品，未经批准进入危险化学品运输车辆限制通行的区域的 5）驾驶机动车不按交通信号灯指示通行的 6）机动车驾驶证被暂扣或者扣留期间驾驶机动车的 7）造成致人轻微伤或者财产损失的交通事故后逃逸，尚不构成犯罪的 8）驾驶机动车在高速公路或者城市快速路上违法占用应急车道行驶的
一次记3分	1）驾驶小型载客汽车载人超过核定人数 20% 以上未达到 50% 的 2）驾驶小型机动车在高速公路、城市快速路以外的道路上行驶超过规定时速 20% 以上未达到 50% 的 3）驾驶机动车在高速公路或者城市快速路上不按规定车道行驶的 4）驾驶机动车不按规定超车、让行，或者在高速公路、城市快速路以外的道路上逆行的 5）驾驶机动车遇前方机动车停车排队或者缓慢行驶时，借道超车或者占用对面车道、穿插等候车辆的 6）驾驶机动车有拨打、接听手持电话等妨碍安全驾驶的行为的 7）驾驶机动车行经人行横道不按规定减速、停车、避让行人的 8）驾驶机动车不按规定避让校车的 9）驾驶载货汽车载物超过最大允许总质量 30% 以上未达到 5% 的，或者违反规定载客的 10）驾驶不按规定安装机动车号牌的机动车上道路行驶的 11）在道路上车辆发生故障、事故停车后，不按规定使用灯光或者设置警告标志的 12）连续驾驶载货汽车超过 4 小时未停车休息或者停车休息时间少于 20 分钟的 13）驾驶机动车在高速公路上行驶低于规定最低时速的
一次记1分	1）驾驶机动车不按规定会车，或者在高速公路、城市快速路以外的道路上不按规定倒车、掉头的 2）驾驶机动车不按规定使用灯光的 3）驾驶机动车违反禁令标志、禁止标线指示的 4）驾驶机动车载货长度、宽度、高度超过规定的 5）驾驶载货汽车载物超过最大允许总质量未达到 30% 的 6）驾驶未按规定定期进行安全技术检验的公路客运汽车、旅游客运汽车、危险物品运输车辆以外的机动车上道路行驶的 7）驾驶擅自改变已登记的结构、构造或者特征的载货汽车上道路行驶的 8）驾驶机动车在道路上行驶时，机动车驾驶人未按规定系安全带的

2. 记分执行

公安机关交通管理部门对机动车驾驶人的交通违法行为，在作出行政处罚决定的同时予以记分。机动车驾驶人有二起以上交通违法行为应当予以记分的，记分分值累积计算。机动车驾驶人可以一次性处理完毕同一辆机动车的多起交通违法行为记录，记分分值累积计算。

机动车驾驶人在一个记分周期期限届满，累积记分未满 12 分的，该记分周期内的记分予以清除；累积记分虽未满 12 分，但有罚款逾期未缴纳的，该记分周期内尚未缴纳罚款的交通违法行为记分分值转入下一记分周期。

3. 满分处理

小型机动车驾驶人在一个记分周期内累积记分满 12 分的，应当参加为期七天的道路交通安全法律、法规和相关知识学习。在一个记分周期内参加满分教育的次数每增加一次或者累积记分每增加 12 分，道路交通安全法律、法规和相关知识的学习时间增加七天，每次满分学习的天数最多六十天。

驾驶人可以在机动车驾驶证核发地或者交通违法行为发生地、处理地参加公安机关交通管理部门组织的道路交通安全法律、法规和相关知识学习，并在学习地参加考试。机动车驾驶人经满分学习、考试合格且罚款已缴纳的，记分予以清除，发还机动车驾驶证。

4. 记分减免

机动车驾驶人处理完交通违法行为记录后累积记分未满 12 分，参加公安机关交通管理部门组织的交通安全教育并达到规定要求的，可以申请在机动车驾驶人现有累积记分分值中扣减记分。在一个记分周期内累计最高扣减 6 分。

5. 法律责任

机动车驾驶人在一个记分周期内累积记分满 12 分，机动车驾驶证未被依法扣留或者收到满分教育通知书后三十日内拒不参加公安机关交通管理部门通知的满分学习、考试的，由公安机关交通管理部门公告其机动车驾驶证停止使用。

机动车驾驶人请他人代为接受交通违法行为处罚和记分并支付经济利益的，由公安机关交通管理部门处所支付经济利益三倍以下罚款，但最高不超过五万元；同时，依法对原交通违法行为作出处罚。

（七）机动车登记和使用规定

1. 注册登记

初次申领机动车号牌、行驶证的，机动车所有人应当向住所地的车辆管理所申请注册登记。机动车达到国家规定的强制报废标准的，车辆管理所不预办理注册登记。

2. 变更登记

已注册登记的机动车，改变车身颜色、更换发动机、更换车身或者车架的，应当向登记地车辆管理所申请变更登记。

3. 转让登记

已注册登记的机动车，机动车所有人住所在车辆管理所管辖区域内迁移或者机动车所有人姓名（单位名称）、联系方式变更的，应当向登记地车辆管理所备案。发动机号码、车辆识别代号因磨损、锈蚀、事故等原因辨认不清或者损坏的，应当在信息或者事项变更后三十日内，向登记地车辆管理所申请备案。

4. 抵押登记

机动车所有人申请转让登记前，应当将涉及该车的道路交通安全违法行为和交通事故处理完毕。在机动车抵押登记期间申请转让登记的，应当由原机动车所有人、现机动车所有人和抵押权人共同申请，车辆管理所一并办理新的抵押登记。

5. 注销登记

已注册登记的机动车已达到国家强制报废标准的，机动车所有人应当向登记地车辆管理所申请注销登记。

6. 登记证书、号牌、行驶证灭失、丢失或损毁

购买、调拨、赠予等方式获得机动车后尚未注册登记，需要临时上道路行驶的，机动车所有人应当向车辆管理所申领临时行驶车号牌。

机动车号牌、行驶证灭失、丢失或者损毁的，机动车所有人应当向登记地车辆管理所申请补领、换领。

7. 法律责任

有下列情形之一的，由公安机关交通管理部门处警告或者 200 元以下罚款：

1）载货汽车及挂车未按照规定安装侧面及后下部防护装置、粘贴车身反光标识的。

2）机动车未按照规定期限进行安全技术检验的。

二、交通信号

学习目标

◆ 熟练掌握各类道路交通信号的种类、识别和作用。

考试内容和要点

考试内容	考试要点
道路交通信号灯	红灯；绿灯；黄灯；车道信号灯；箭头信号灯；黄色闪光警告信号灯；道路与铁路平面交叉道口信号灯
道路交通标志	警告标志；禁令标志；指示标志；指路标志；旅游区标志
道路交通标线	指示标线；禁止标线；警告标线
交通警察手势	停止信号；直行信号；左转弯信号；左转弯待转信号；右转弯信号；变道信号；减速慢行信号；示意车辆靠边停车信号

（一）道路交通信号灯

1. 红色信号灯

驾驶机动车在交叉路口直行遇到红色信号灯亮时，要停在路口停止线以外，不得越过停止线或加速通过。

在路口遇到红色信号灯亮时，不得越过停止线

驾驶机动车在交叉路口，车前轮已越过停止线红色信号灯亮时，要停车等待，不能加速通过。

在路口这个位置，不得继续通行

驾驶机动车在交叉路口右转弯遇到红色信号灯亮时，在不妨碍被放行车辆、行人通行情况下，可以转弯。

在红色信号灯亮的路口，可以右转弯

2. 绿色信号灯

驾驶机动车在交叉路口直行遇到绿色信号灯亮时，表示前方路口允许机动车通行，要在确保安全的前提下，尽快通过路口。

驾驶机动车在交叉路口右转弯遇到绿色信号灯亮时，在不妨碍被放行车辆、行人通行情况下，可以转弯。

驾驶机动车在绿色信号灯亮的交叉路口左转弯，遇到对面有直行车辆时，要在对向车辆通过后再转弯，不可在对面直行车前直接向左转弯。

3. 黄色信号灯

交叉路口黄色信号灯亮表示警示，已经越过停止线的车辆可以继续行驶，没有越过停止线的车辆不得进入路口。

在路口遇到黄色信号灯亮时表示警示

驾驶机动车在交叉路口看到黄色信号灯亮时，要在停止线以外停车等待，不得加速强行通过。

在路口遇到黄色信号灯亮时，不得加速通过

驾驶机动车在交叉路口右转弯遇到黄色信号灯亮时，在不妨碍被放行车辆、行人通行情况下，可以转弯。

在路口遇到黄色信号灯亮时，允许右转弯

4. 车道信号灯

车道信号灯绿色箭头灯亮时，准许本车道车辆按指示方向通行，驾驶机动车要选择绿色箭头灯亮的车道行驶。

遇到这种情况，选择绿色箭头灯亮的车道行驶

红色叉形灯或者箭头灯亮时，禁止本车道车辆通行，驾驶机动车不得进入红色叉形灯或红色箭头灯亮的车道行驶。

遇到这种情况，禁止车辆在两侧车道通行

驾驶机动车在有车道信号灯的路段，要注意观察信号灯，提前变更车道进入绿色箭头灯亮的车道行驶。

遇到这种情况，中间车道不允许车辆通行

5. 方向指示信号灯

方向指示信号灯的箭头方向向左、向上、向右分别表示左转、直行、右转。

> 这个路口允许车辆向右转弯，不能直行和左转弯

驾驶机动车在交叉路口看到绿色箭头灯亮的方向，表示允许车辆通行。

> 这个路口允许车辆向左转弯

驾驶机动车在交叉路口看到红色箭头灯亮的方向，表示禁止车辆通行。

> 这个路口禁止车辆向左转弯

6. 黄色闪光警告信号灯

驾驶机动车遇到持续闪烁的黄色闪光警告信号灯时，要减速行驶，注意瞭望，确认安全后通过。

7. 道路与铁路平面交叉道口信号灯

驾驶机动车在道路与铁路平面交叉道口看到有两个红灯交替闪烁时，要在停止线以外停车等待。

驾驶机动车在道路与铁路平面交叉道口看到有一个红灯亮时，不得越过停止线或加速通过。

驾驶机动车在道路与铁路平面交叉道口看到红灯熄灭时，表示允许车辆通行。

（二）道路交通标志

1. 警告标志

警告标志是警告机动车驾驶人前方有危险，谨慎通过。

（1）交叉路口

（2）急弯路

（3）反向弯路

（4）连续弯路

（5）陡坡

（6）窄路

（7）连续下坡　（8）窄桥标志　（9）双向交通　（10）注意行人　（11）注意儿童

（12）注意牲畜　（13）注意野生动物　（14）注意信号灯　（15）注意落石

（16）注意易滑　　（17）注意傍山　　　（18）堤坝路

（19）注意横风　（20）村庄　（21）隧道　（22）渡口　（23）驼峰桥

（24）路面不平　（25）路面高突　（26）路面低洼　（27）过水路面（28）有人看守铁路道口

（29）无人看守铁路道口（30）叉形符号　　　　　　（31）斜杠符号

（32）注意非机动车（33）注意残疾人（34）事故易发路段（35）慢行（36）注意危险

（37）注意障碍物　　　　　　（38）施工（39）建议速度

（40）隧道开车灯（41）注意潮汐车道（42）注意保持车距　（43）注意分离式道路

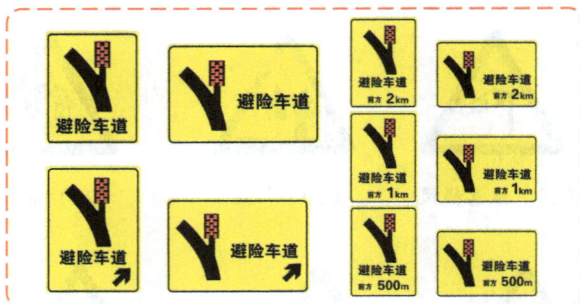

（44）注意合流　　　　　　（45）避险车道

（46）注意路面结冰，注意雨（雪）天，注意雾天，注意不利气象条件　（47）注意前方车辆排队

2. 禁令标志

禁令标志表示禁止、限制及相应解除，机动车驾驶人要严格遵守。

（1）停车让行

（2）减速让行

（3）会车让行

（4）禁止通行

（5）禁止驶入

（6）禁止机动车驶入

（7）禁止载货汽车驶入

（8）禁止电动三轮车驶入

（9）禁止大型客车驶入

（10）禁止小型客车驶入

（11）禁止挂车、半挂车驶入

（12）禁止拖拉机驶入

（13）禁止三轮汽车、低速货车驶入

（14）禁止摩托车驶入

（15）禁止某两种车辆驶入

（16）禁止非机动车进入

（17）禁止畜力车进入

（18）禁止人力客运三轮车进入

（19）禁止人力货运三轮车进入

（20）禁止人力车进入

（21）禁止行人进入

（22）禁止向左转弯

（23）禁止向右转弯

（24）禁止直行

（25）禁止向左向右转弯

（26）禁止直行　（27）禁止直行　（28）禁止掉头　（29）禁止超车　（30）解除禁止超车
　　和向左转弯　　　和向右转弯

（31）禁止停车　（32）禁止长时停车　（33）禁止鸣喇叭　（34）限制宽度　（35）限制高度

（36）限制重量　（37）限制轴重　（38）限制速度　（39）解除限制速度　（40）停车检查

（41）禁止运输　　（42）海关　（43）区域限制速度　（44）区域限制　（45）区域禁止
危险物品车辆驶入　　　　　　　　　　　　　　　　速度解除　　　　长时停车

（46）区域禁止　（47）区域　（48）区域禁止
长时停车解除　　禁止停车　　停车解除

3. 指示标志

指示标志用于指示车辆行进，机动车驾驶人要严格遵守。

（1）直行　　　（2）向左转弯　　（3）向右转弯　（4）直行和向左转弯　（5）直行和向右转弯

（6）向左和 　（7）靠右侧 　（8）靠左侧 　（9）立体交叉直行 　（10）立体交叉直行
　向右转弯 　　道路行驶 　　道路行驶 　　和左转弯行驶 　　和右转弯行驶

（11）环岛行驶 　（12）单行路 　（13）单行路（直行） 　（14）步行 　（15）鸣喇叭
　　　　　　　（向左或向右）

（16）最低限速 　（17）路口优先通行 　（18）会车先行 　（19）人行横道 　（20）右转车道

（21）左转车道 　（22）直行车道 　（23）直行和右转 　（24）直行和左转 　（25）掉头车道
　　　　　　　　　　　　　　合用车道 　　合用车道

（26）掉头和左转 　　　　（27）分向行驶车道 　（28）公交线路 　（29）机动车行驶
　　合用车道 　　　　　　　　　　　　　　专用车道

（30）机动车车道 （31）非机动车行驶 （32）非机动车车道 （33）快速公交 （34）多乘员车辆
　　　　　　　　　　　　　　　　　　　　　　　　系统专用车道 　专用车道

（35）停车位　　　　　　　　　　（36）允许掉头

4. 指路标志

指路标志是道路信息的指引，为机动车驾驶人传递道路方向、地点和距离信息。

（1）四车道及以上公路交叉路口预告　　　（2）大交通量的四车道及以上公路交叉路口预告

（3）箭头杆上标识公路编号、道路名称的公路交叉路口预告　　　（4）丁字交叉路口

（4）丁字交叉路口（续）　　　　　　　　　（5）Y形交叉路口

（6）十字交叉路口

（7）互通式立体交叉

（8）分岔处

（9）环形交叉路口

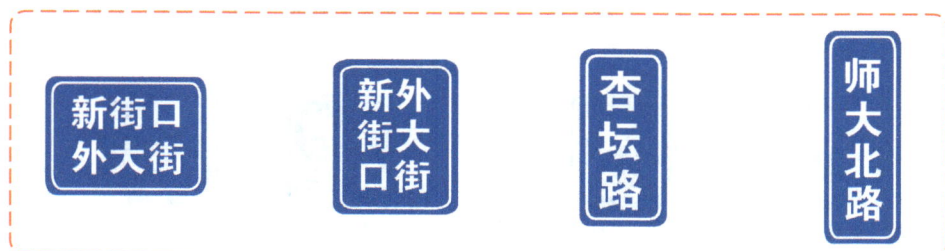

（10）国道编号　　　　（11）省道编号　　　　（12）县道编号

（13）街道名称

（14）乡道编号

（15）路名牌

（16）地点距离

（17）地名

（18）著名地点

（19）地点识别

（20）行政区划分界

（21）道路管理分界　　　　　　　　　　（22）停车场

（23）错车道　　（24）人行天桥　　（25）人行地下通道　（26）残疾人专用设施

（27）观景台　　　　　　　　　　　　（28）休息区

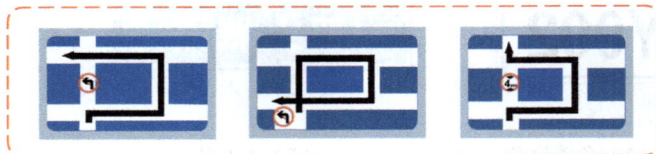

（29）应急避难设施（场所）　　　　　（30）绕行

（31）此路不通　　　（32）车道数变少　　　（33）车道数增加

（34）隧道出口距离预告　　　　　（35）基本单元

（36）交通监控设备

（37）组合使用

（38）两侧 （39）右侧 （40）左侧
通行　　通行　　通行

（41）入口预告

（42）地点、方向

（43）编号

（44）命名编号　　（45）路名

（46）地点距离

（47）城市区域多个出口时的地点距离

（48）下一出口预告

注：高速公路和城市快速路指路标志的底色为绿色。

71

（49）出口编号　　　　　　　（50）右侧出口预告

（50）右侧出口预告（续）

（51）左侧出口预告

（51）左侧出口预告（续）

（52）出口标志及出口地点方向

（52）出口标志及出口地点方向（续）　　　（53）高速公路起点

（54）终点预告

（55）终点提示　（56）百米牌

（57）国家高速公路、省级高速公路终点

（58）道路交通信息

（59）里程牌

（60）停车领卡

（61）车距确认

（62）紧急电话

（63）电话位置指示

（64）特殊天气建议速度

（65）救援电话

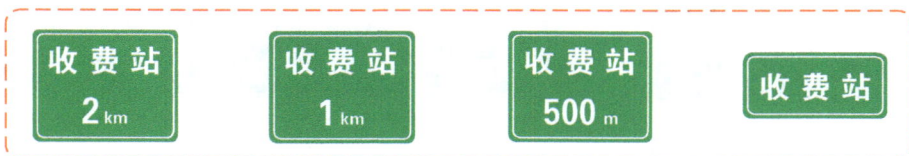

（66）不设电子不停车收费（ETC）车道的收费站预告及收费站

（67）设有电子不停车收费（ETC）车道的收费站预告及收费站

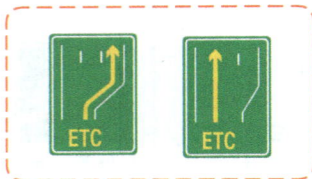   

（68）ETC车道指示　　（69）计重收费　　（70）加油站　　（71）紧急停车带

（72）服务区预告

（72）服务区预告（续）　　　　　　　（73）停车场

（74）停车区预告　　　　　　　　　　（75）停车场预告

（75）停车场预告（续）　　　（76）爬坡车道

（77）超限超载检测站

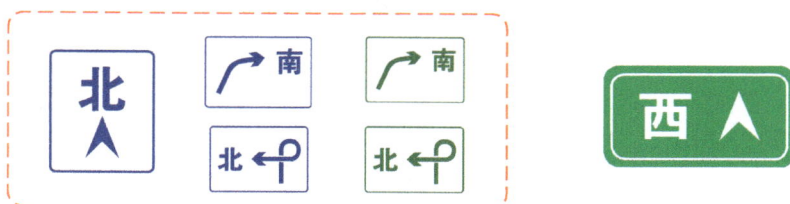

（78）设置在指路标志版面中的方向　（79）设置在指路标志版面外的方向

5. 旅游区标志

旅游区标志提供旅游项目类别、具代表性的符号及前往各旅游景点的指引。

（1）旅游区距离　　　（2）旅游区方向　　　（3）问讯处　　（4）徒步

（5）索道　　　（6）野营地　　　（7）营火　　（8）游戏场　　（9）骑马

（10）钓鱼　　（11）高尔夫球　　（12）潜水　　（13）游泳

（14）划船　　（15）冬季游览区　　（16）滑雪　　（17）滑冰

（三）道路交通标线

1. 指示标线

指示标线指示车行道、行车方向、路面边缘、人行道、停车位、停靠站及减速丘等。

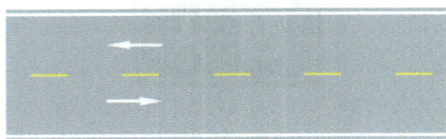

（1）可跨越对向车行道分界线

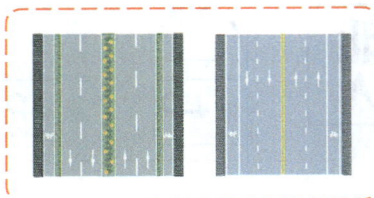

（2）可跨越同向车行道分界线

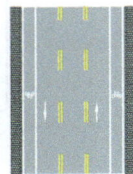

（3）潮汐车道线

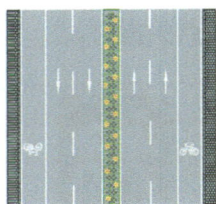

（4）车行道边缘白色实线

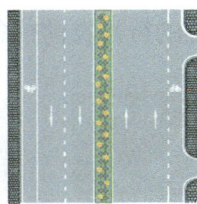

（5）车行道边缘白色虚线

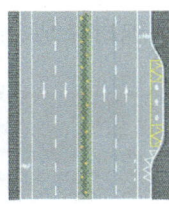

（6）车行道边缘白色虚实线

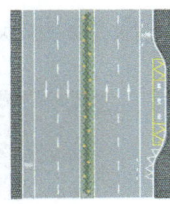

（7）黄色单实线车行道边缘线

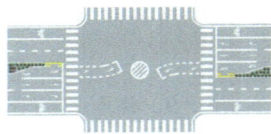

（8）车行道边缘白色虚实线

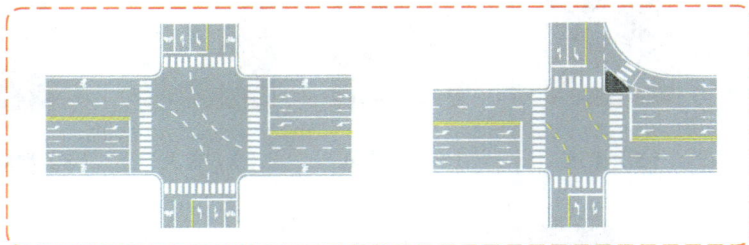

（9）黄色单实线车行道边缘线

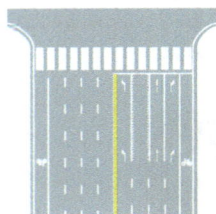

（10）导向车道线设置示例

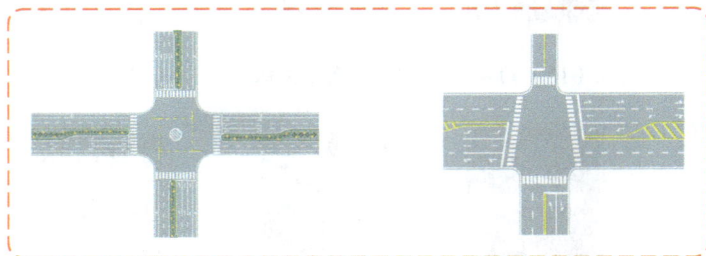

a）与道路中心垂直的人行横道线

b）与道路中心斜交的人行横道线

（11）人行横道线

（12）人行横道
预告标识线

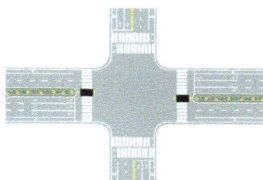

（13）行人左右分道
的人行横道线

（14）可变导向车道标线

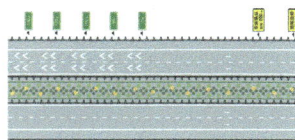

（15）白色折线车距
确认线

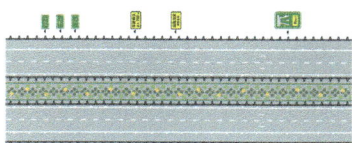

（16）白色半圆状车距确认线

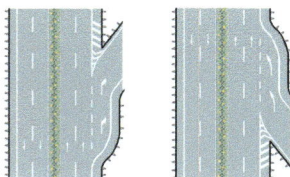

（17）出入口标线

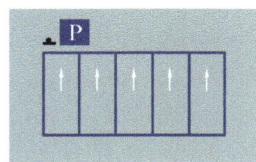

（18）固定停车方向停车位标线

（19）平行式停车位标线

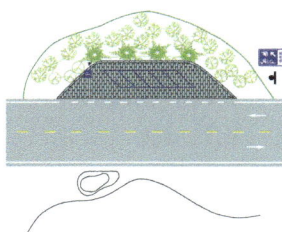

（20）倾斜式停车位标线

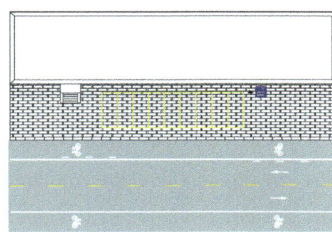

（21）垂直式停车位标线

（22）出租车专用
待客停车位标线

（23）出租车专用
上下客停车位标线

（24）残疾人专用
停车位标线

（25）非机动车
停车位标线

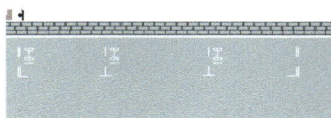

（26）平行式机动车
限时停车位标线

（27）倾斜式机动车
限时停车位标线

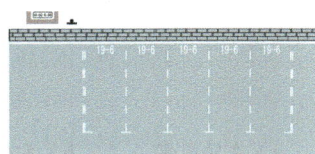

（28）垂直式机动车
限时停车位标线

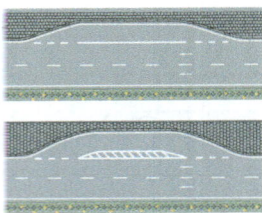

（29）港湾式停靠站标线　　（30）路边式停靠站标线　　（31）减速丘标线

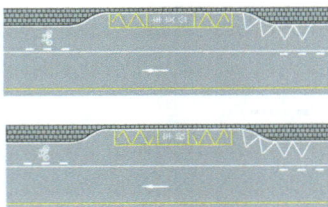

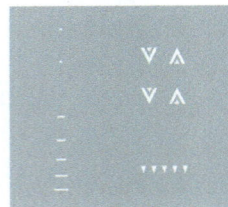

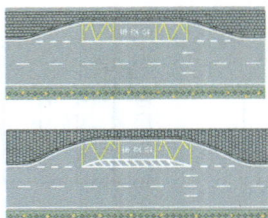

（32）车种专用港湾式停靠站标线　　（33）注意前方路面状况标记

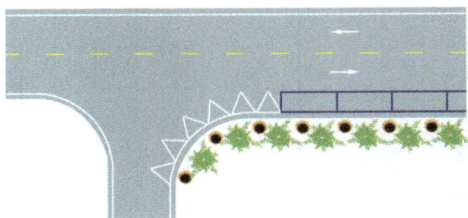

（34）路面限速标记字符　　（35）非机动车路面标记　　（36）残疾人专用停车位路面标记

a）直行　　b）直行或左转　　c）直行或右转　　d）左转　　e）右转　　f）掉头

g）左转或需　　h）右转或需　　i）左转或掉头　　j）直行或掉头　　k）左右转弯
　向左合流　　　向右合流

（37）路面导向箭头

2. 禁止标线

禁止标线告示道路交通的通行、禁止、限制等特殊规定。

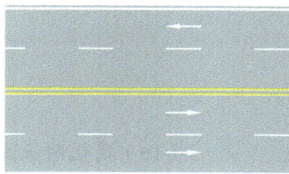

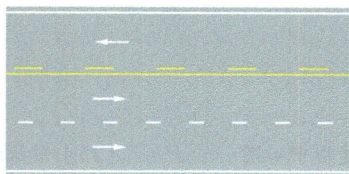

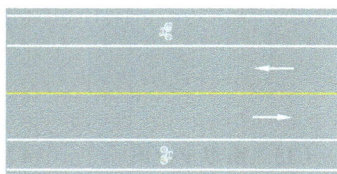

（1）双黄实线禁止跨越
对向车行道分界线

（2）黄色虚实线禁止跨越
对向车行道分界线

（3）黄色单实线禁止跨越
对向车行道分界线

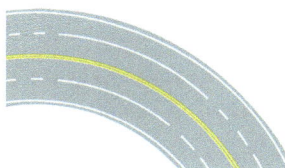

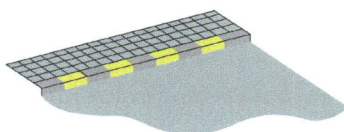

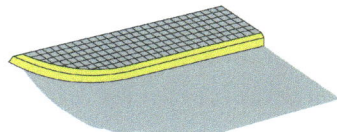

（4）禁止跨越同向车行道分界线

（5）禁止长时停车线

（6）禁止停车线

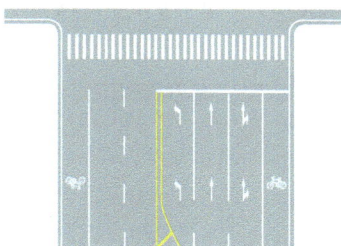

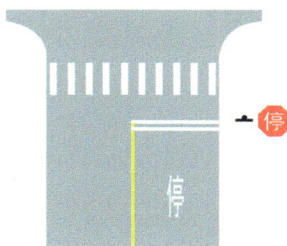

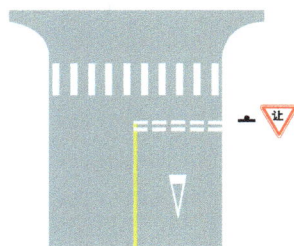

（7）停车线

（8）停车让行线

（9）减速让行线

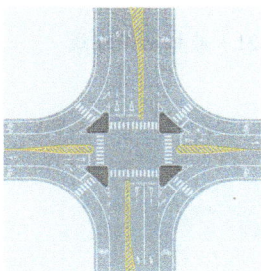

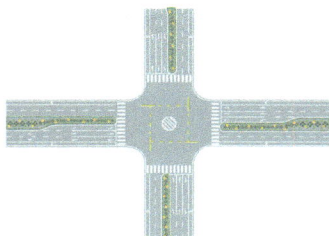

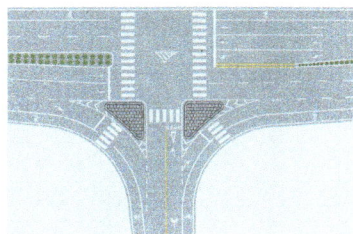

（10）导流线——十字交叉口
导流设置示例

（11）非机动车禁驶区标线
导流线设置示例

（12）导流线——T形交叉口

（13）圆形中心圈　　　（14）菱形中心圈　　　（15）网状线　　　（16）简化网状线

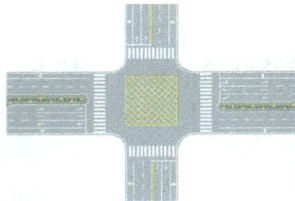

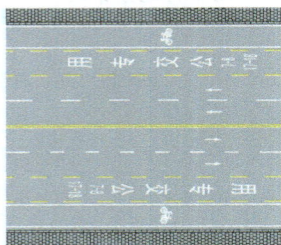

（17）公交专用车道线　　　　　　　（18）小型车专用车道线

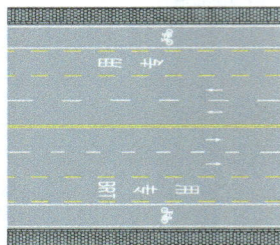

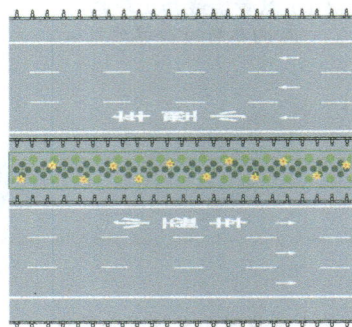

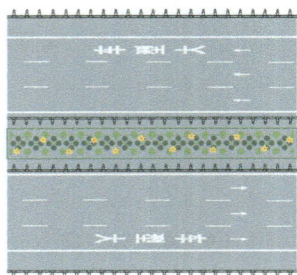

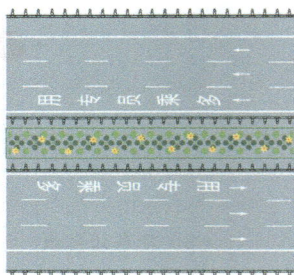

（19）大型车道线　　　（20）多乘员车辆专用车道线　　　（21）非机动车道线

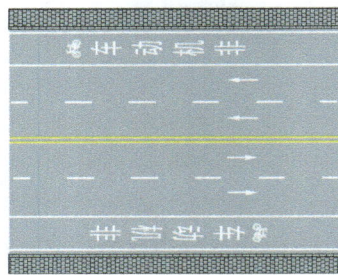

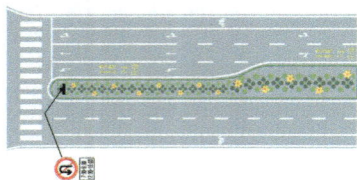

（22）禁止掉头标记　　　　　　　（23）禁止转弯标记

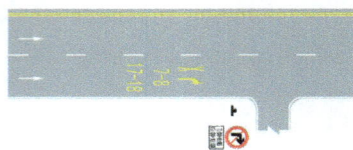

3. 警告标线

警告标线促使车辆驾驶人了解道路上的特殊情况，提高警觉准备应变防范措施。

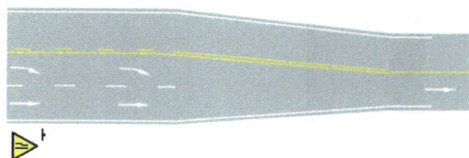

（1）路面（车行道）宽度渐变段标线

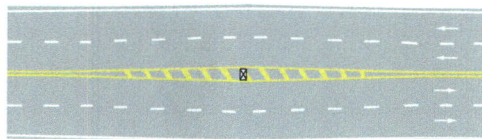

（2）接近障碍物标线

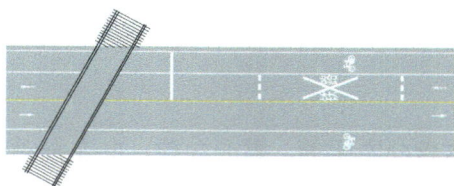

（3）铁路平交道口标线

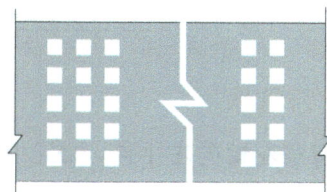

（4）收费广场减速标线

（5）收费岛地面标线

（6）车行道横向减速标线

（7）车行道纵向减速标线

（8）车行道纵向减速标线渐变段

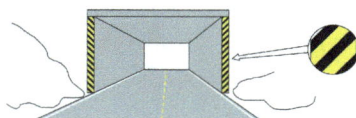

（9）立面标记

（四）交通警察手势

1. 停止信号

交通警察左臂向前上方直伸，掌心向前，表示不准前方车辆通行。

2. 直行信号

交通警察左臂向左平伸，掌心向前；右臂向右平伸，掌心向前，向左摆动，表示准许石方直行的车辆通行。

3. 左转弯信号

交通警察右臂向前平伸，掌心向前；左臂与手掌平直向右前方摆动，掌心向右，表示准许车辆左转弯，在不妨碍被放行车辆通行的情况下可以掉头。

a ）   b ）

4. 左转弯待转信号

交通警察左臂向左下方平伸，掌心向下；左臂与手掌平直向下方摆动，表示准许左方左转弯的车辆进入路口，沿左转弯行驶方向靠近路口中心，等候左转弯信号。

5. 右转弯信号

交通警察左臂向前平伸，掌心向前；右臂与手掌平直向左前方摆动，手掌向左，表示准许右方的车辆右转弯。

a）

b）

6. 变道信号

交通警察右臂向前平伸，掌心向左，右臂向左水平摆动，表示车辆应当腾空指定的车道，减速慢行。

7. 减速慢行信号

交通警察右臂向右前方平伸，掌心向下；右臂与手掌平直向下方摆动，表示车辆应当减速慢行。

8. 示意车辆靠边停车信号

交通警察左臂向前上方平伸，掌心向前；右臂向前下方平伸，掌心向左；右臂向左水平摆动，表示车辆应当靠边停车。

交通警察在夜间没有路灯、照明不良或者遇有雨、雪、雾、沙尘、冰雹等低能见度天气条件下执勤时，用右手持指挥棒，按照手势信号指挥。

三、安全行车、文明驾驶基础知识

学习目标

◆ 掌握正确驾驶行为要领。
◆ 掌握主要交通安全违法行为情形、法律责任的基本知识

考试内容和要点

考试内容	考试要点
驾驶行为	驾驶人驾驶行为要求； 驾驶人对所驾车辆应负的安全责任； 避让特种车辆；避让道路养护作业车辆； 机动车停车；高速公路安全行驶； 高速公路故障车处置；故障车警示要求
交通安全违法行为	驾驶机动车禁止行为； 对道路交通安全违法的处罚种类； 对违反交通信号的处罚； 对酒后、吸毒、服药驾驶的处罚； 对涉机动车驾驶证违法的处罚； 对涉机动车号牌违法的处罚； 简易程序处罚；对不正当手段取得驾驶证的处理； 超员、超载违法消除规定

（一）驾驶环境对安全行车的影响

1. 雨天对安全行车的影响

雨天，影响安全行车的主要因素是路面湿滑、视线受阻、路面附着系数减小、制动距离增大。驾驶机动车在湿滑的路面上行驶，路面附着力随着车速的增加而急剧减小。行驶中使用制动时，容易发生侧滑。

2. 雾天对安全行车的影响

雾天，影响安全行车的主要因素是能见度低，视线不清，驾驶人看不清楚前方和周围的情况，路面潮湿，附着系数减小，制动距离增大，跟车行驶易发生追尾事故。

3. 冰雪道路对安全行车的影响

冰雪道路对安全行车的主要影响是路面溜滑，车辆稳定性降低，制动性能变差，制动距离增加，加速过急时车轮极易空转或溜滑；积雪对光线的反射，易造成驾驶人目炫而产生错觉。

4. 夜间道路环境对安全行车的影响

夜间道路环境对安全行车的主要影响是能见度低、驾驶人视距变短，不利于观察道路交通情况；遇对向灯光照射后，短时间内看不清前方道路情况；驾驶人在夜间行车，注意力需要高度集中，容易产生疲劳。

5. 泥泞路对安全行车的影响

泥泞路对安全行车的主要影响是路面特别松软和黏稠，行驶阻力大，附着力减小，车轮极易滑转和侧滑。使用制动时，易发生侧滑或甩尾，导致交通事故。

6. 漫水路对安全行车的影响

漫水路对安全行车的主要影响是路面被水覆盖，看不清水底路面情况，无法观察到暗坑和凸起的路面。快速通过漫水路时，溅起的水浪会阻挡驾驶人的视线。

7. 山区道路对安全行车的影响

山区道路对安全行车的主要影响是坡长弯急，视距不足。山区大多数都是依山傍崖而建的盘山道路，穿洞过涧，坡陡路窄，急弯、隧道、危险路段多。山口的横风也会造成车辆行驶位置偏移。

8. 道路上的行人对安全行车的影响

道路上的行人各有差异，可分为老年人、青年人、儿童等，各类行人都有不同的特点，且同类行人的交通经验也不相同。行人的共同特点是动态不定，行走随意性大，方向多变，直接影响安全行车。

9. 违法超车对安全行车的影响

违法超车对安全行车的影响主要是超速行驶且突然强行占用对向车道，危险性大，容易引发碰撞事故。行车中突然遇对向车辆强行占道超车时，尽可能减速甚至停车避让，切不可赌气加速或保持原速相迎迫使其让路。

（二）驾驶行为

1. 文明驾驶行为

一个合格的驾驶人，不仅表现在技术的娴熟上，更重要的是具有良好的驾驶行为习惯和道德修养，遵章守法、规范操作、文明驾驶、礼让行车。行车中要牢记集中注意力、仔细观察和提前预防谨慎驾驶 3 条原则。做到不开英雄车、冒险车、赌气车和带病车。

驾驶机动车会车中，遇到对方来车行进有困难需借道时，要尽量礼让对方先行，不得靠右侧加速行驶。会车前选择的交会位置不理想时，应减速、低速会车或停车让行。在狭窄的路段会车时，应做到礼让三先：先慢、先让、先停。遇到对向来车占道行驶，要主动给对方让行，不得紧靠道路中心行驶或逼对方靠右行驶。

驾驶机动车超车时，尽量加大横向距离，遇前方车辆不减速、不让道时，应停止继续超车。进入左侧道路超车，无法保证与正常行驶前车的横向安全间距时，应放弃超车，不可越实线超车或连续鸣喇叭加速超越。

遇到后方车辆发出超车信号要求超车时，及时减速、观察后，只要具备让超条件就应主动减速靠右行驶让行，并示意后车超越，不得不让行或靠右侧加速行驶。

驾驶机动车发现前方道路拥堵或堵塞时，应减速停车，依次排队或按顺序停车等候，不得鸣喇叭催促或从车辆空间穿插通过。遇其他车辆强行"加塞"，应主动礼让，确保行车安全。遇到路口情况复杂时，应做到"宁停三分，不抢一秒"。

驾驶车辆在道路上行驶时，按照规定的速度安全行驶。跟车行驶时，要保持安全跟车距离，防止发生追尾事故。需要变更车道时，要在观察后方无来车的情况下，开启转向灯，缓慢驶入要变更的车道。

驾驶机动车经过积水路面时，要慢速通过。行经两侧有行人、非机动车且有积水的路面时，更要特别注意减速慢行，不得加速驾驶机动车或连续鸣喇叭通过。

行车中遇有前方发生交通事故，需要帮助时，应协助保护现场，并立即报警。遇交通事故受伤者需要抢救时，应及时将伤者送医院抢救或拨打急救电话。

特别提示：

1）驾驶人一边驾车，一边打手持电话是违法行为。

2）女驾驶人穿高跟鞋驾驶车辆，不利于安全行车。

3）驾驶人驾车时长时间将左臂搭在车门窗上是一种驾驶陋习。

4）驾驶人驾车时右手长时间抓住变速杆是一种不良习惯。

5）驾驶人一边驾车，一边吸烟影响安全行车。

2. 安全驾驶行为

驾驶机动车在路边临时靠边停车准备起步前，驾驶人应要求车内乘员系安全带，对车辆周围交通情况进行观察，确认安全时再开始起步。起步后应缓慢提速，并向左迅速转向驶入正常行驶道路。遇有非机动车准备绕行时，要减速或停车让其先行。

驾驶机动车变更车道时，要提前开启转向灯，注意观察，保持安全距离，驶入要变更的车道，不得不开启转向灯或迅速驶入侧方车道。在交叉路口前变更车道时，应在虚线区按导向箭头指示驶入要变更的车道。

驾驶机动车超越右侧停放的车辆时，为预防其突然起步或开启车门，要预留出横向安全距离，减速行驶。预计在超车过程中与对面来车有会车可能时，要放弃超越。驶近停在车站的公交车辆时，为预防公交车突然起步或行人从车前穿出，要减速，保持足够间距，随时准备停车。被其他车辆超越时，要减速，靠右侧行驶。不得在铁路道口、隧道、窄路、窄桥和急转弯路段超车。

驾驶机动车在主干道上行驶，驶近主支干道交汇处时，为防止与从支路突然驶入的车辆相撞，要提前减速、观察，谨慎驾驶。汇入车流时，要提前开启转向灯，保持直线行驶，通过后视镜观察左右情况，确认安全后汇入合流。从其他道路汇入车流前，要注意观察侧后方车辆的动态。

驾驶机动车超越同向行驶的自行车时，要注意观察动态，减速慢行，留有足够的安全距离。遇自行车影响通行时，可鸣喇叭提示（非禁鸣区），注意避让，不可加速绕行。遇非机动车抢行时，要主动减速让行。夜间驾驶遇自行车对向驶来时，要使用近光灯，减速或停车避让。

驾驶机动车需要借道绕过前方障碍物，但对向来车已接近障碍物时，要降低速度或停车，让对向来车优先通行。通过凹凸路面时，要低速缓慢平稳通过。遇抢救伤员的救护车从对面逆向驶来时，要靠边减速或停车让行。

驾驶机动车进入交叉路口前，要降低行驶速度，注意观察，确认安全。在交叉路口左转弯，要在绿色信号灯亮时，进入左弯待转区。在交叉路口有优先通行权，遇有机动车、非机动车抢道或抢行时，要减速避让，必要时停车让行。在堵车的交叉路口绿色信号灯亮时，也不能驶入交叉路口。在环形路口内行驶，遇有其他车辆强行驶入时，有优先权也需要避让。

驾驶机动车通过铁道路口时，要用低速档安全通过，中途不得换档，以避免发动机熄火。通过无人看守的铁路道口时，应一停、二看、三通过。驶入铁路道口前减速降档，进入道口后不能变换档位。

驾驶机动车驶近人行横道时，注意观察行人动态，确认安全后再通过。通过人行横道线时，要注意礼让行人。在路口车道绿色箭头灯亮时，如果前方人行横道仍有行人行走，要等行人通过后再起步。遇到行人出现其他交通安全违法行为时，要采取安全措施避让行人。在没有人行横道的交叉路口或路段发现有人突然横穿道路时，要迅速减速或停车让行。雨天遇撑雨伞和穿雨衣的行人在公路上行走时，要提前鸣喇叭，并适当降低车速。遇残疾人影响通行时，要主动减速礼让。

驾驶机动车转弯时应沿道路右侧行驶，不要侵占对方的车道，做到"左转转大弯，右转转小弯"。行至道路急转弯处，要充分减速并靠右侧行驶，防止与越过弯道中心线的对方车辆相撞。进入山区道路弯道前，在对面没有来车的情况下，应"减速、鸣号、靠右行"。

驾驶机动车看到注意儿童标志的时候，要谨慎选择行车速度。通过学校和小区应注意观察标志标线，低速行驶，不要鸣喇叭。遇儿童或列队横过道路的学生时，要减速慢行，必要时停车避让。

驾驶机动车掉头过程中，要严格控制车速，仔细观察道路前后方情况，确认安全后方可前进或倒车。倒车过程中要缓慢行驶，注意观察车辆两侧和后方的情况，随时做好停车准备。

在一般道路倒车时，若发现有过往车辆通过，应主动停车避让。

驾驶机动车在道路边临时停车时，不得逆向或并列停放。雨、雪天临时停车时，要开启危险报警闪光灯。长时间停放车辆，要选择停车场停车。

3. 高速公路安全驾驶知识

驾驶机动车驶入高速公路的收费站时，要选择绿灯亮的入口通过收费口。进入匝道行驶，要按照限速标志控制车速，不得在匝道上停车、掉头、倒车，不得在匝道提速到60千米/小时以上，直接驶入行车道。

驾驶机动车进入高速公路行车道前，要在加速车道尽快将车速提高到60千米/小时以上，注意观察主车道行驶的车辆，在不妨碍行车道内车辆正常行驶的情况下，驶入右侧行车道，不得跨车道直接进入内侧行车道。

驾驶机动车在高速公路上行车，不得频繁地变更车道，需要变更车道时，要提前开启转向灯，观察情况，确认安全后，缓转转向盘，驶入需要变更的车道。

驾驶机动车在高速公路上，不得靠右侧的路肩行驶，非紧急情况时不得在应急车道行驶或者停车。因车辆故障必须停车时，要在车后方150米处设置故障警告标志，夜间还需开启示廓灯和后位灯。

驾驶机动车在高速公路上，最高时速不得超过 120 千米／小时，最低车速不能低于 60 千米／小时，有限速标志的路段不得超过限速标志限定的速度。在高速公路以 100 千米／小时的速度行驶时，距同车道前车 100 米以上为安全距离。在同向 4 车道高速公路上，要按照标志或标线规定的车道和车速行驶，车速高于 110 千米／小时，要在最左侧车道上行驶。

驾驶机动车在高速公路上遇前方交通受阻时，应跟随前车顺序排队，并立即开启危险报警闪光灯，防止追尾。因发生事故造成堵塞时，不得在右侧紧急停车带或路肩行驶。

驾驶机动车在高速公路上遇分流交通管制时，要按照线形诱导标志或交通警察（高速公路管理人员）的指挥驶出高速公路，不得就地靠边停靠等待管制结束后继续前行。

驾驶机动车驶离高速公路时，应经减速车道减速后进入匝道。如果因疏忽驶过出口，需继续向前行驶，寻找下一个出口驶出，然后选择掉头或改道驶回。不得采取立即停车、倒车、在原地掉头的方法驶回。

在高速公路行车要利用速度表和车距确认路段，不能仅凭感觉确认车速。长时间行车感觉疲劳时，要就近选择服务区停车休息。在平坦的高速公路上，突然有颠簸感觉时，要迅速降低车速，防止爆胎。遇大雾视线受阻时，不得立即紧急制动停车，要根据能见度选择行驶速度并采取应急措施。

4. 山区道路安全驾驶知识

驾驶机动车在山区道路行车，遇对向来车时，选择安全路段减速或停车交会。在较窄的山路上行驶时，如果靠山体的一方的车辆不让行，要提前减速并选择安全的地方避让。

驾驶机动车在山区道路跟车行驶，应适当加大安全距离。超车时，要选择宽阔的缓上坡路段超越，下陡坡时，不得超车。

驾驶机动车进入山区道路后，要特别注意"连续转弯"标志，并主动避让车辆及行人，适时减速和提前鸣喇叭。通过弯道时，要做到"减速、鸣号、靠右行"。通过山区危险路段，尤其是通过经常发生塌方、泥石流的山区地段，应谨慎驾驶，不能停车。

驾驶机动车在山区道路上坡行驶，要提前观察路况、坡道长度，及时、准确、迅速减档，避免拖档行驶导致发动机动力不足。下长坡时，车速会因为惯性而越来越快，连续使用行车制动会导致制动器温度升高而使制动效果急剧下降，控制车速最有效的方法是减档行驶，利用发动机制动作用控制车速，不得空档滑行。

5. 通过桥梁、隧道的安全驾驶知识

通过桥梁时，要注意观察交通标志提示，根据预告通往方向的信息选择行驶路线，按照标志、标线的指向通行。通过单向行驶的立交桥时，要提前减速行驶，一般情况下，右转弯不过桥右转进入连接线完成，左转弯过桥后经两次右转弯完成。跟随前车行驶要适当加大跟车距离，避免在立交桥上超车、停车、倒车、掉头。

车辆驶入双向行驶隧道前，注意交通标志、标线和文字提示，开启示廓灯或近光灯。进入隧道，注意明暗适应的变化，严格遵守限速规定，靠右侧车道行驶，遇到对面有来车时，两眼不要直视对方的灯光，注意保持安全距离，必要时可减速行驶。

6. 夜间安全驾驶知识

夜间行车，驾驶人对事物的观察能力明显比白天差，视野受限，视距变短，很难观察到灯光照射区域以外的交通情况，要注意减速行驶。前方出现弯道时，灯光照射会由路中移到路侧。

夜间驾驶机动车起步前、尾随前车行驶、通过照明条件良好的路段，要开启近光灯。通过没有路灯或路灯照明不良的路段，要将近光灯转换为远光灯，但同向行驶的后车不得使用远光灯。夜间行车，要尽量避免超车，确需超车时，可变换远、近光灯向前车示意。

夜间驾驶机动车通过无交通信号灯控制的交叉路口时，变换远、近光灯提示。夜间会车时，遇对面来车未关闭远光灯，可连续变换远、近灯光提示对向车辆，同时减速靠右侧行驶或停车。若对方车辆仍然不关闭远光灯，要减速行驶，以防两车灯光的交汇处有行人通过时发生事故。

7. 恶劣气象和复杂道路条件下的安全驾驶知识

驾驶机动车在风、雨、雪、雾等复杂气象条件下行驶时，要开启前照灯、示廓灯和后位灯。遇前车速度较低，近距离跟车行驶，不得使用远光灯。涉水行驶后，要保持低速行驶，间断轻踏制动踏板，以恢复制动效果。

雨天路面湿滑，车辆制动距离增大，行车中尽量避免使用紧急制动减速。在大雨天行车，为避免发生"水滑"而造成危险，要控制速度行驶。连续降雨天气，山区公路可能会出现路肩疏松和堤坡坍塌现象，要选择道路中间坚实的路面，避免靠近路边行驶。暴雨天气刮水器无法刮净雨水时，要立即减速靠边停驶。

雾天行车要开启雾灯、危险报警闪光灯、前照灯、示廓灯、后位灯或近光灯，多使用喇叭以引起对方注意，听到对方车辆鸣喇叭，要鸣喇叭回应。浓雾天气能见度低，开启远光灯会降低能见度。遇浓雾或特大雾天，能见度过低行车困难时，应选择安全地点停车。

驾驶机动车在冰雪路面紧急制动时，容易产生侧滑，要利用发动机的牵阻控制车速，

低速行驶。跟车行驶要加大安全距离，在有车辙的路段要循车辙行驶，转向盘不可急打急回，以防车辆侧滑偏出道路。在山区冰雪道路遇有前车正在爬坡时，要选择适当地点停车，等前车通过后再爬坡。

驾驶机动车通过泥泞、翻浆路段时，要停车观察，选择路面比较平整、路基坚实、泥、浆较浅的路面行驶。如道路上有车辙，可循车辙行驶；有拱度的路面尽可能在路面中间行驶，保持左右车轮高低一致。

8. 轮胎漏气、爆胎时应急处置知识

驾驶机动车发现轮胎漏气或气压过低时，要缓慢制动减速，将车驶离主车道，减速时不要采用紧急制动，以免造成翻车或后车采取制动不及导致追尾事故。

驾驶机动车意识到突然爆胎时，要保持镇静，双手紧握转向盘，尽力控制直线行驶。在控制住方向的情况下，轻踏制动踏板，尽量采用"抢档"（抢挂低速档）的方法，利用发动机制动，使车辆缓慢减速，逐渐平稳地停靠于路边。爆胎后控制住车速前，不要冒险使用行车制动器停车，以避免车辆横甩发生更大的险情。切忌慌乱中急踏制动踏板、急转向。

机动车前轮胎爆裂，危险较大，方向会立刻向爆胎车轮一侧跑偏，直接影响对转向盘的控制。后轮胎爆裂，车尾会摇摆不定，一般不会影响控制方向。遇到前轮爆胎已出现转向跑偏时，不要过度矫正，要在控制住方向的情况下，采取抢挂低速档、轻踏制动踏板的措施，缓慢减速，尽快平稳停车。

预防爆胎，要定期检查轮胎、及时清理轮胎沟槽里的异物、更换有裂纹或有很深损伤的轮胎。避免爆胎不能采用降低轮胎气压的方法，如果轮胎气压过低，高速行驶时轮胎会出现波浪变形、温度升高而导致爆胎。

四、机动车驾驶操作相关基础知识

🚗 学习目标

◆ 掌握机动车主要仪表、指示灯和操纵、安全装置的基本知识。

🚗 考试内容和要点

考试内容	考试要点
仪表与指示灯	仪表；雾灯指示灯；机油压力表与警告灯；制动警告灯；燃油警告灯；水温警告灯；远、近光指示灯；安全带警告灯；危险报警闪光灯；转向指示灯；其他指示灯
操纵装置	转向盘；离合器踏板；制动踏板；加速踏板；变速器操纵杆；驻车制动器操纵装置；点火开关；灯光开关；风窗玻璃刮水、除霜和除雾装置
安全装置	安全头枕；安全带；防抱死制动（ABS）装置；安全气囊

（一）仪表

在汽车的仪表板上安装有各种仪表、指示灯及警告灯，用于帮助驾驶人观察和掌握汽车及其各系统的工作情况，提示异常现象和故障，以便及时消除安全隐患。

1. 速度和里程表

速度表指示汽车行驶速度，单位为千米／小时（km/h），速度表指针所指的数字显示当前车辆的行驶速度。里程表累计行驶总里程数以千米（km）为单位；日里程表用于记录一天或某段区间的里程数；按回零按钮至"0"位后开始计数。

速度和里程表

速度表显示当前车速是60千米／小时

2. 发动机转速表

发动机转速表用于指示发动机的转速，单位为1000转／分（×1000r/min），转速表指针所指的数字显示当前发动机转速。发动机运转时，转速表指针不能超过红色警示区。

发动机转速表

转速表显示当前发动机转速是2000转／分钟

3. 冷却液温度表

冷却液温度表用于指示发动机冷却液的温度，单位为摄氏度（℃）。"C"表示温度低，"H"表示温度高，冷却液温度表指针所指的位置显示当前冷却液的温度。

冷却液温度表

冷却液温度表显示当前冷却液的温度是90摄氏度

4. 燃油表

汽车燃油表用于指示油箱内的燃油量。"E"表示空,"1/2"表示一半,"F"表示满。当指针指在红色警告线以内时,提示油箱内燃油不足,需及时加油。

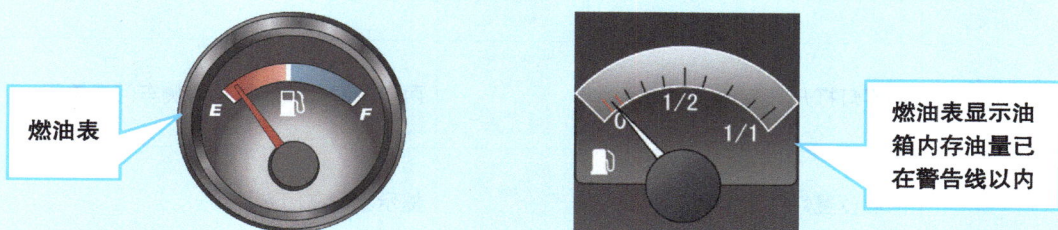

燃油表

燃油表显示油箱内存油量已在警告线以内

(二)指示灯及照明、信号装置

汽车仪表板设置的各种开关符号、指示灯和警告灯,都连接着汽车相关的部位,表示不同的含义。开关灯亮提示开关已打开,指示灯亮提示设备正在使用。警告灯亮,提示联接的部件运行情况出现异常现象,要及时停车检查,及时发现安全隐患,预防机械事故发生,保证汽车正常运行。要记住这些开关符号、指示灯和警告灯的标识和含义。

1. 开关符号

开关符号	表示	开关符号	表示
	车灯总开关		地板及前风窗玻璃吹风
	空气外循环		前风窗玻璃刮水器开关
	空气内循环		前风窗玻璃刮水器及洗涤器开关
	冷风暖气风扇		后风窗玻璃刮水器及洗涤器开关
	地板及迎面出风		车门锁住开锁开关
	迎面吹风		儿童安全锁开关

2. 指示灯

指示灯	表示	指示灯	表示
	前雾灯打开		右转向指示灯开启
	后雾灯打开		两侧车门开启或提示两侧车门未关闭
	前后位置灯开启		提示左侧车门未关闭
	已开启灯远光		提示右侧车门未关闭
	已开启近光灯		发动机舱开启
	左转向指示灯开启		行李舱开启

3. 警告灯

警告灯	表示	警告灯	表示
	制动系统出现异常或故障		发动机机油压力过低或机油量不足
	冷却液不足		充电电路故障或发电机不向蓄电池充电
	发动机温度过高		发动机控制系统故障
	危险警告闪光灯（故障停车信号灯）开启		安全气囊处于故障状态
	没系安全带或安全带插头未插好		防抱死制动系统出现故障
	驻车制动器处于制动状态		油箱内燃油已到最低液面

（三）操纵装置

1. 转向盘

汽车转向盘（俗称方向盘）是操纵汽车行驶方向的装置。转向盘通过转向机构控制转向轮向右、向左改变汽车行驶方向或保持汽车直线行驶。

这种握转向盘的动作是错误的

2. 离合器踏板

离合器踏板是离合器的操纵装置，用以传递或切断发动机与变速器之间的动力。踩下离合器踏板，离合器分离，动力被切断；抬起离合器踏板，离合器即接合，动力被传递。

这是离合器踏板

3. 加速踏板

加速踏板用于控制进入发动机气缸内燃油或空气的量。踩下加速踏板，发动机转速提高，动力增加。抬起加速踏板，发动机转速和动力下降。

这是加速踏板

4. 制动踏板

制动踏板是行车制动器的操纵装置。踏下制动踏板，行车制动器发挥作用，车轮制动。放松制动踏板，制动解除。

这是制动踏板

5. 变速杆

变速杆是变速器的操纵机构，选择不同的档位即变换变速器内不同齿轮的啮合，改变汽车的动力、速度和进退方向，使汽车加速、减速或实现倒车。

这是变速杆

6. 驻车制动器手柄（踏板）

驻车制动器手柄（踏板）是驻车制动器操纵装置，供驻车时制动使用。拉紧手柄（或踏下踏板）起制动作用，放松手柄（或抬起踏板）解除制动。

这是驻车制动器手柄

点火开关转到 START 位置时即起动起动机。

这个位置起动机起动

点火开关转到 I 或 ACC 位置时，发动机关闭，其他车用电器可正常使用。

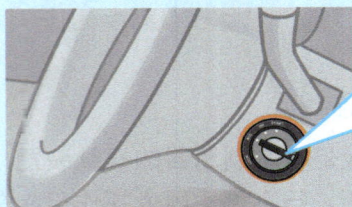

这个位置电器可正常使用

7. 点火开关

点火开关用于接通或切断起动机、点火和电器线路。点火开关一般设有 0 或 LOCK、I 或 ACC、II 或 ON、III 或 START 四个位置。

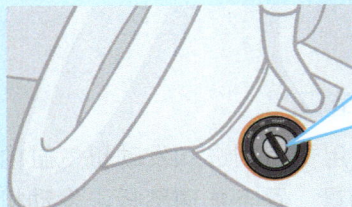

这是点火开关

起动发动机后，松开点火开关，自动回到 ON 位置，发动机开始工作。

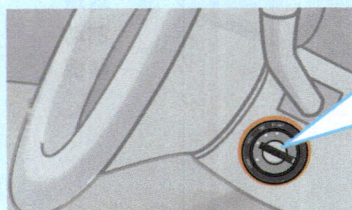

这个位置发动正常工作

点火开关转到 LOCK 位置时，发动机熄火，拔出钥匙转向盘会锁住。

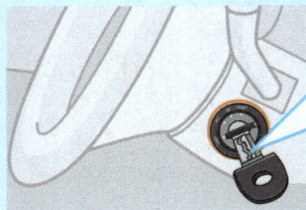

这个位置拔出钥匙转向盘会锁住

8. 灯光、信号组合开关

组合开关可控制前照灯（远光灯和近光灯）、转向灯、示廓灯和信号灯光。打开开关，旋转到前照灯位置时，前照灯点亮。将开关向上提，则右转向灯亮。将开关向下拉，则左转向灯亮。

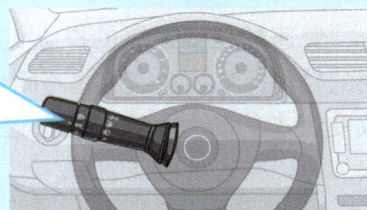

这是灯光、信号组合开关

将灯光、信号组合开关旋转到前照灯符号的位置时，前照灯亮。

开关旋转到这个位置时，前照灯亮

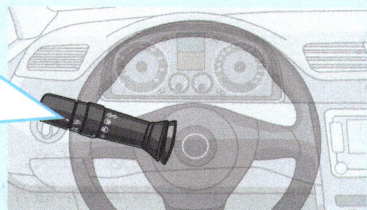

将灯光、信号组合开关旋转到前后位置灯符号的位置时，前后位置灯亮。

开关旋转到这个位置时，前后位置灯亮

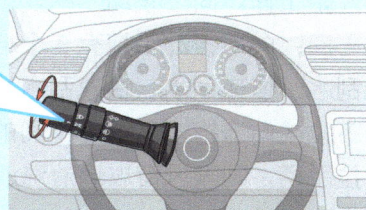

将灯光、信号组合开关旋转到后雾灯符号的位置时，后雾灯亮。

旋转开关到这一位置时，后雾灯亮

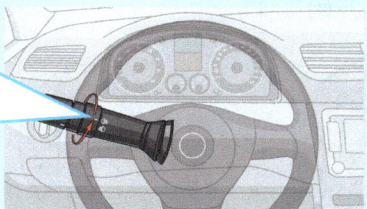

将灯光、信号组合开关上下提拉，控制左右转向灯，向上提则右转向灯亮，向下拉则左转向灯亮。

提拉这个开关控制左右转向灯

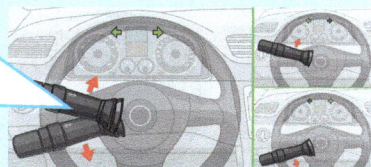

9. 风窗玻璃刮水、除霜和除雾装置

刮水器与洗涤器开关控制刮水器与洗涤器，在雨天或下雪天行驶时使用，可清除风窗玻璃上的雨雪，保证驾驶人有良好的视线。

这是刮水器开关

刮水器开关控制风窗玻璃刮水器，可由低到高选择不同的刮刷档位，刮水片随档位的变化，以不同的频率刮刷风窗玻璃。

这个开关控制风窗玻璃刮水器

上下扳动刮水器开关，前风窗玻璃刮水器开始工作。向上拨动手柄，则刮水器单次刮水一回；向下拨动手柄有 3 个档位（分别是间歇刮水、慢速刮水、快速刮水），将开关手柄向下拉或向上推，可选择不同的刮刷档位；向内拉手柄，则喷风窗玻璃清洗液。

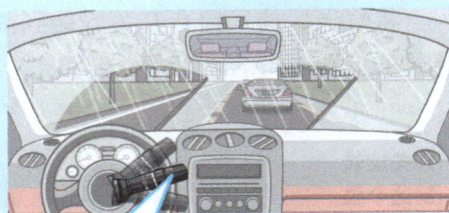

上下扳动这个开关，
前风窗玻璃刮水器开始工作

除雾器开关控制汽车除雾器，用于减少前、后风窗和车外后视镜表面上的湿气、雾气和霜，以改善视野。按下前风窗玻璃除霜器开关，则前风窗玻璃除霜器开始工作。按下后风窗玻璃除霜器开关，后风窗玻璃除霜器开始工作。

除雾器开关

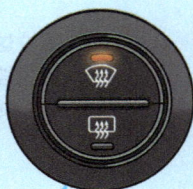

前风窗玻璃
除霜器工作

后风窗玻璃
除霜器工作

（四）安全装置

1. 安全头枕

汽车座椅上安全头枕的主要作用是在发生追尾事故时，能有效保护驾驶人和乘车人的颈部不受伤害。调整安全头枕高度时，保持头枕中心与后脑中心平齐，才能发挥保护作用。如果行车前驾驶人不根据自己身高调整头枕高度，头枕就不能发挥保护作用，一旦发生追尾事故，即存在被严重伤害的危险。

发生追尾事故时，安全头枕
能有效保护驾驶人的颈部

2. 安全带

汽车座椅安全带的作用是在汽车发生碰撞或紧急制动时，固定驾乘人员位置，减轻对驾乘人员的伤害。驾驶人和乘车人在汽车行驶前，系好安全带是最有效的自我保护方法，在遇到意外危险情况时可避免受到致命的伤害。

安全带的主要作用是汽车发生碰撞或紧急制动时减轻对驾乘人员的伤害

3. 安全气囊

安全气囊是一种辅助保护装置。汽车发生碰撞时，安全气囊迅速膨胀，在驾驶人、乘车人与仪表板之间形成一个气垫，从而减轻人体受伤害的程度。机动车发生正面碰撞时，只有安全气囊配合安全带形成双重保护，才能充分发挥对驾乘人员的保护作用。

安全气囊加上安全带的双重保护才能充分发挥作用

4. 防抱死制动装置（ABS）

汽车紧急制动时，防抱死制动装置（ABS）可防止车轮抱死，以便最大限度发挥制动器效能，在提供最大制动力的同时使车前轮保持转向能力，消除制动过程中的跑偏、甩尾等不稳定状态。

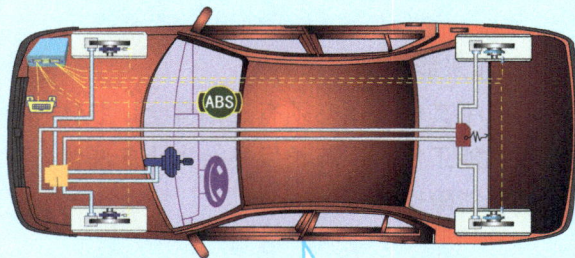

紧急制动时 ABS 会防止车轮抱死

安装防抱死制动装置（ABS）的车辆紧急制动时，可用力踏制动踏板，但在紧急制动的同时转向，车轮还可能侧滑。另外，不要依赖防抱死制动装置（ABS）缩短制动距离，尤其是在冰雪路面上紧急制动时，防抱死制动系统（ABS）无法有效缩短制动距离。

附录A　客车有关规定

（一）驾驶证申请与报考规定

1. 年龄条件

1）申请城市公交车、中型客车、无轨电车或者有轨电车准驾车型的，车龄应在 20 周岁以上，63 周岁以下。

2）申请大型客车准驾车型的，年龄应在 22 周岁以上，63 周岁以下。

3）接受全日制驾驶职业教育的学生，申请大型客车准驾车型的，在 19 周岁以上，63 周岁以下。

2. 身体条件

1）申请大型客车、城市公交车、无轨电车准驾车型的，身高为 155 厘米以上。申请中型客车准驾车型的，身高为 150 厘米以上。

2）申请大型客车、城市公交车、中型客车、无轨电车或者有轨电车准驾车型的，两眼裸视力或者矫正视力达到对数视力表 5.0 以上。

3）无红绿色盲。

4）两耳分别距音叉 50 厘米能辨别声源方向。

5）双手拇指健全，每只手其他手指必须有三指健全，肢体和手指运动功能正常。

6）双下肢健全且运动功能正常，不等长度不得大于 5 厘米。

7）躯干、颈部无运动功能障碍。

3. 不得申请大型客车、城市公交车、中型客车准驾车型的情形

1）发生交通事故造成人员死亡，承担同等以上责任的。

2）醉酒后驾驶机动车的。

3）再次饮酒后驾驶机动车的。

4）有吸食、注射毒品后驾驶机动车行为的，或者有执行社区戒毒、强制隔离戒毒、

社区康复措施记录的。

5）驾驶机动车追逐竞驶、超员、超速、违反危险化学品安全管理规定运输危险化学品构成犯罪的。

6）被吊销或者撤销机动车驾驶证未满十年的。

7）未取得机动车驾驶证驾驶机动车，发生负同等以上责任交通事故造成人员重伤或者死亡的。

4. 校车驾驶资格条件

1）取得相应准驾车型驾驶证并具有 3 年以上驾驶经历，年龄在 25 周岁以上、不超过 63 周岁。

2）最近连续 3 个记分周期内没有被记满 12 分记录。

3）无致人死亡或者重伤的交通事故责任记录。

4）无酒后驾驶或者醉酒驾驶机动车记录，最近 1 年内无驾驶客运车辆超员、超速等严重交通违法行为记录。

5）无犯罪记录。

6）身心健康，无传染性疾病，无癫痫病、精神病等可能危及行车安全的疾病病史，无酗酒、吸毒行为记录。

5. 申请驾驶证规定

1）初次申领机动车驾驶证，可以申请的准驾车型为城市公交车、无轨电车、有轨电车。

2）申请增加中型客车准驾车型的，已取得驾驶城市公交车、大型货车、小型汽车、小型自动档汽车、低速载货汽车或者三轮汽车准驾车型资格 2 年以上，并在申请前最近连续 2 个记分周期内没有记满 12 分记录。

3）申请增加大型客车准驾车型的，已取得驾驶城市公交车、中型客车准驾车型资格二年以上、已取得驾驶大型货车准驾车型资格三年以上，或者取得驾驶重型牵引挂车准驾车型资格一年以上，并在申请前最近连续三个记分周期内没有记满 12 分记录。

6. 预约考试规定

1）报考大型客车、城市公交车、中型客车准驾车型的，在取得驾驶技能准考证明满 20 日后预约科目二考试。

2）报考大型客车、城市公交车、中型客车准驾车型的，在取得学习驾驶证明满四十日后预约考试。属于已经持有汽车类驾驶证，申请增加准驾车型的，在取得学习驾驶证明满三十日后预约科目三考试。

3）已持有大型客车、城市公交车、中型客车准驾车型驾驶证申请增加轻型牵引挂车准驾车型的，应当考试科目二和科目三安全文明驾驶常识。

7. 驾驶证管理规定

1）驾驶人年龄在 60 周岁以上的，不得驾驶大型客车、城市公交车、中型客车、无轨电车和有轨电车。

2）驾驶人年龄在 60 岁以上持有大型客车、城市公交车、中型客车驾驶证的，应当到机动车驾驶证核发地车辆管理所换领准驾车型为小型汽车或者小型自动档汽车的机动车驾驶证。

（二）审验、检验规定

1. 驾驶证审验

持有大型客车、城市公交车、中型客车驾驶证的驾驶人，应当在每个记分周期结束后 30 日内到公安机关交通管理部门接受审验。但在 1 个记分周期内没有记分记录的，免予本记分周期审验。

持有大型客车、城市公交车、中型客车驾驶证 1 个记分周期内有记分的，审验时应当参加不少于 3 小时的道路交通安全法律法规、交通安全文明驾驶、应急处置等知识学习，并接受交通事故案例警示教育。

2. 车辆审验

营运载客汽车从注册登记之日起，5 年以内每年检验 1 次，超过 5 年每 6 个月检验 1 次。营运机动车在规定检验期限内经安全技术检验合格的，不再重复进行安全技术检验。

大型、中型非营运载客汽车从注册登记之日起，10 年以内每年检验 1 次，超过 10 年每 6 个月检验 1 次。营运机动车改为非营运机动车的，机动车所有人要向公安机关交通管理部门申请登记。

（三）管理规定

1. 客车载货、牵引规定

载客汽车除车身外部的行李架和内置的行李箱外，不得载货。载客汽车行李架载货时，从地面起高度不得超过 4 米。大型、中型载客汽车不得牵引挂车。

2.　公路客运车辆载客规定

客车载人不得超过核定的人数。公路客运车辆载客超过核定乘员，公安机关交通管理部门依法扣留机动车后，驾驶人应当将超载的乘车人转运，费用由超载机动车的驾驶人或者所有人承担。载客超过额定乘员，但没有超过额定乘员 20% 的，处 200 元以上 500 元以下罚款。载客超过额定乘员 20% 或者违反规定载货的，处 500 元以上 2000 元以下罚款。

3.　实习期规定

机动车驾驶人在实习期内不得驾驶公共汽车、营运客车或者执行任务的警车、消防车、救护车、工程救险车以及载有爆炸物品、易燃易爆化学物品、剧毒或者放射性等危险物品的机动车；增加准驾车型后的实习期内，驾驶原准驾车型的机动车时不受限制。

（四）安全驾驶行为规定

1.　安全起步

客车在起步前，应检查行李包是否装捆牢固，长、宽、高及重量是否符合规定，不得将行李放置在门道或者过道上；安装乘客安全带的车辆，应要求乘客在起步前按规定使用安全带。为保障乘车人不受伤害，客车驾驶人或乘务员应当向乘客讲解安全门的使用方法。

起步时，向乘客强调不要将手、头部以及身体其他部位伸出窗外。

2.　安全行车

驾驶客车起步、行驶和停车时，应当平稳，避免乘客受伤。严禁在车辆未停稳或行驶途中开启车门，以防乘客被甩出酿成事故。城市公共汽车不得在站点以外的路段停车上下乘客。铰接式客车不得进入高速公路。

驾驶人在行车中，应始终保持良好的心理状态，不得带着不良情绪驾驶车辆。驾驶客车行经转弯、上下坡、凹凸路时，应让乘客抓住车内固定物，尤其提醒后排乘客注意安全。通过险桥、漫水桥、渡口、危险地段前，应当组织乘客下车。客车在加油站加油时，应当提醒乘客不能拨打手机、吸烟。

3.　应急处置

驾驶客车在行驶中遇险时，驾驶人要做到优先保护乘客人身安全。遇非常情况或者发生事故时，驾驶人应力所能及地将损失降到最低限度，决不能因紧急避险造成二次事故或更大的损失。客车在遇险的一刹那，驾驶人应果断地采取一切有效措施保护乘客不受伤害或少受伤害，要避免车辆发生倾覆。

驾驶客车在山区、桥梁、高速公路遇紧急情况避险时，应先使用制动减速，再转动转向盘避让。遇碰刮或制动失效时，应迅速告知乘客向车厢中部或没有被刮碰的一侧挤靠，并抓住车内固定物，注意防范车身变形挤伤身体。

客车遇险后，应设法开启车门、安全门或紧急出口，迅速疏散车上乘客；没有安全门的，可用车上配备的铁锤或者其他物品将车窗玻璃敲破，从窗口疏散乘客。遇紧急情况时，客车的顶窗也可用作疏散乘客的紧急出口。

客车失火后，如果无法开启驾驶室门或车门逃离火灾，为了减少伤害，应尽快组织乘客砸碎侧风窗玻璃逃生。

（五）违法处罚规定

1. 饮酒或酒醉驾驶处罚

饮酒后驾驶营运机动车的，处 15 日拘留，并处 5000 元罚款。因饮酒后驾驶机动车被处罚，再次饮酒后驾驶机动车的，处 10 日以下拘留，并处 1000 元以上 2000 元以下罚款，并吊销机动车驾驶证。

醉酒驾驶营运机动车的，由公安机关交通管理部门约束至酒醒，吊销机动车驾驶证，10 年内不得重新取得机动车驾驶证，并依法追究刑事责任；重新取得机动车驾驶证后，不得驾驶营运机动车。

2. 驾驶客车违法行为记分

道路交通安全违法行为累积记分周期（即记分周期）为 12 个月，满分为 12 分，从机动车驾驶证初次领取之日起计算。

依据道路交通安全违法行为的严重程度，一次记分的分值为 12 分、9 分、6 分、3 分、1 分 5 种（表 A-1）。

表 A-1　道路交通安全违法行为记分分值（A1、A3、B1 车型）

记分分值	交通违法行为记分项目
一次记12分	1）饮酒后驾驶大中型客车的
	2）驾驶大中型客车造成致人轻伤以上或者死亡的交通事故后逃逸，尚不构成犯罪的
	3）使用伪造、变造的客车号牌、行驶证、驾驶证、校车标牌或者使用其他机动车号牌、行驶证的
	4）驾驶校车、公路客运汽车、旅游客运汽车载人超过核定人数20%以上的
	5）驾驶校车、中型以上载客汽车在高速公路、城市快速路上行驶超过规定时速百分之二十以上
	6）驾驶大中型客车在高速公路、城市快速路上倒车、逆行、穿越中央分隔带掉头的

（续）

记分分值	交通违法行为记分项目
一次记9分	1）驾驶7座以上载客汽车载人超过核定人数50%以上未达到100%的
	2）驾驶校车、中型以上载客汽车在高速公路、城市快速路以外的道路上行驶超过规定时速50%以上的
	3）驾驶大中型客车在高速公路或者城市快速路上违法停车的
	4）驾驶未悬挂客车号牌或者故意遮挡、污损客车号牌的机动车上道路行驶的
	5）驾驶与准驾车型不符的大中型客运汽车的
	6）未取得校车驾驶资格驾驶校车的
	7）连续驾驶中型以上载客汽车超过4小时未停车休息或者停车休息时间少于20分钟的
一次记6分	1）驾驶校车、公路客运汽车、旅游客运汽车载人超过核定人数未达到20%，或者驾驶7座以上载客汽车载人超过核定人数20%以上未达到50%的
	2）驾驶校车、中型以上载客汽车在高速公路、城市快速路上行驶超过规定时速未达到20%，或者在高速公路、城市快速路以外的道路上行驶超过规定时速20%以上未达到50%的
	3）驾驶大中型客车不按交通信号灯指示通行的
	4）机动车驾驶证被暂扣或者扣留期间驾驶客车的
	5）驾驶大中型客车造成致人轻微伤或者财产损失的交通事故后逃逸，尚不构成犯罪的
	6）驾驶大中型客车在高速公路或者城市快速路上违法占用应急车道行驶的
一次记3分	1）驾驶大中型客车在高速公路或者城市快速路上不按规定车道行驶的
	2）驾驶大中型客车不按规定超车、让行，或者在高速公路、城市快速路以外的道路上逆行的
	3）驾驶大中型客车遇前方机动车停车排队或者缓慢行驶时，借道超车或者占用对面车道、穿插等候车辆的
	4）驾驶大中型客车有拨打、接听手持电话等妨碍安全驾驶的行为的
	5）驾驶大中型客车行经人行横道不按规定减速、停车、避让行人的
	6）驾驶大中型客车不按规定避让校车的
	7）驾驶不按规定安装机动车号牌的客车上道路行驶的
	8）大中型客车在道路上车辆发生故障、事故停车后，不按规定使用灯光或者设置警告标志的
	9）驾驶未按规定定期进行安全技术检验的公路客运汽车、旅游客运汽车上道路行驶的
	10）驾驶校车上道路行驶前，未对校车车况是否符合安全技术要求进行检查的，或者驾驶存在安全隐患的校车上道路行驶的
	11）驾驶大中型客车在高速公路上行驶低于规定最低时速的
一次记1分	1）驾驶校车、中型以上载客汽车在高速公路、城市快速路以外的道路上行驶超过规定时速10%以上未达到20%的
	2）驾驶大中型客车不按规定会车，或者在高速公路、城市快速路以外的道路上不按规定倒车、掉头的
	3）驾驶大中型客车不按规定使用灯光的
	4）驾驶大中型客车违反禁令标志、禁止标线指示的
	5）驾驶大中型客车在道路上行驶时，客驾驶人未按规定系安全带的

附录B 货车有关规定

（一）驾驶证申请与报考规定

1. 年龄条件

1）申请大型货车准驾车型的，年龄应在 20 周岁以上，63 周岁以下。

2）申请重型牵引挂车准驾车型的，年龄应在 22 周岁以上，63 周岁以下。

3）接受全日制驾驶职业教育的学生，申请重型牵引挂车准驾车型的，在 19 周岁以上，63 周岁以下。

2. 身体条件

1）申请重型牵引挂车、大型货车准驾车型的，身高为 155 厘米以上。

2）申请重型牵引挂车、大型货车准驾车型的，两眼裸视力或者矫正视力达到对数视力表 5.0 以上。

3）无红绿色盲。

4）两耳分别距音叉 50 厘米能辨别声源方向。

5）双手拇指健全，每只手其他手指必须有三指健全，肢体和手指运动功能正常。

6）双下肢健全且运动功能正常，不等长度不得大于 5 厘米。

7）无运动功能障碍。

3. 不得申请重型牵引挂车、大型货车准驾车型的情形

1）发生交通事故造成人员死亡，承担同等以上责任的。

2）醉酒后驾驶机动车的。

3）再次饮酒后驾驶机动车的。

4）有吸食、注射毒品后驾驶机动车行为的，或者有执行社区戒毒、强制隔离戒毒、社区康复措施记录的。

5）驾驶机动车追逐竞驶、超员、超速、违反危险化学品安全管理规定运输危险化学品构成犯罪的。

6）被吊销或者撤销机动车驾驶证未满十年的。

7）未取得机动车驾驶证驾驶机动车，发生负同等以上责任交通事故造成人员重伤或者死亡的。

4.　申请驾驶证规定

1）初次申领机动车驾驶证，可以申请大型货车准驾车型驾驶证。

2）申请增加重型牵引挂车准驾车型的，已取得驾驶中型客车或者大型货车准驾车型资格 2 年以上，或者取得驾驶大型客车准驾车型资格 1 年以上，并在申请前最近连续 2 个记分周期内没有记满 12 分记录。

5.　预约考试规定

1）报考重型牵引挂车、大型货车准驾车型的，在取得学习驾驶证明满 20 日后预约科目二考试。

2）报考重型牵引挂车、大型货车准驾车型的，在取得学习驾驶证明满 40 日后预约科目三考试。属于已经持有汽车类驾驶证，申请增加准驾车型的，在取得学习驾驶证明满 30 日后预约考试。

6.　驾驶证管理规定

1）驾驶人年龄在 63 周岁以上的，不得驾驶重型牵引挂车、大型货车。

2）驾驶人年龄在 63 周岁以上，持有重型牵引挂车、大型货车驾驶证的，应当到机动车驾驶证核发地车辆管理所换领准驾车型为小型汽车或者小型自动档汽车的机动车驾驶证。其中属于持有重型牵引挂车驾驶证的，还可以保留轻型牵引挂车准驾车型。

3）已取得大型货车准驾车型资格 3 年以上，或者取得驾驶重型牵引挂车准驾车型资格 1 年以上，并在申请前最近连续 3 个记分周期内没有满分记录，可以申请增加大型客车准驾车型。

（二）审验、检验规定

1.　驾驶证审验

1）持有重型牵引挂车、大型货车驾驶证的驾驶人，应当在每个记分周期结束后 30 日内到公安机关交通管理部门接受审验。但在 1 个记分周期内没有记分记录的，免予本记分周期审验。

2）持有牵引车、大型货车驾驶证1个记分周期内有记分的，审验时应当参加不少于？小时的道路交通安全法律法规、交通安全文明驾驶、应急处置等知识学习，并接受交通事故案例警示教育。

2. 车辆审验

载货汽车从注册登记之日起，10年以内每年检验1次；超过10年的，每隔6个月检验1次，每年检验2次。营运机动车在规定检验期限内经安全技术检验合格的，不再重复进行安全技术检验。

（三）管理规定

1. 货车装载规定

机动车载物不得超过机动车行驶证上核定的载质量，装载长度、宽度不得超出车厢。重型、中型载货汽车，半挂车载物，高度从地面起不得超过4米，载运集装箱的车辆不得超过4.2米；其他载货的机动车载物，高度从地面起不得超过2.5米。

载货汽车车厢不得载客。在城市道路上，货运机动车在留有安全位置的情况下，车厢内可以附载临时作业人员1～5人；载物高度超过车厢栏板时，货物上不得载人。在高速公路上行驶的载货汽车车厢内不得载人。

2. 货车牵引规定

牵引车拖带挂车时，挂车必须装有有效的制动装置。载货汽车、半挂牵引车、拖拉机只允许牵引1辆挂车。挂车的灯光信号、制动、连接、安全防护等装置应当符合国家标准；载货汽车所牵引挂车的载质量不得超过载货汽车本身的载质量。

3. 货车超载处罚

货运机动车严禁超载，装载超过核定载质量的，公安机关交通管理部门应当扣留机动车，直至消除违法状态。超过核定载质量，但没有超过核定载质量30%的，处200元以上500元以下罚款；超过核定载质量30%或者违反规定载客的，处500元以上2000元以下罚款。

4. 特殊货物运输规定

1）货运机动车运载超限不可解体物品影响交通安全的，应当按照公安机关交通管理部门指定的时间、路线、速度行驶，并悬挂明显标志。

2）货运机动车运载危险化学品，应当经公安机关批准后，按指定的时间、路线、速度行驶，悬挂警示标志并采取必要的安全措施。

5. 实习期规定

机动车驾驶人在实习期内不得驾驶公共汽车、营运客车或者执行任务的警车、消防车、救护车、工程救险车以及载有爆炸物品、易燃易爆化学物品、剧毒或者放射性等危险物品的机动车；增加准驾车型后的实习期内，驾驶原准驾车型的机动车时不受限制。

（四）安全驾驶行为规定

1. 挂车连接与分离

牵引车拖带挂车时，挂车必须装有有效的制动装置。连接半挂车时，使牵引车的牵引座与挂车的牵引销连接后，将锁止杆置于锁止位置。连接全挂车时，将牵引车的牵引钩与挂车挂钩连接好，并将牵引钩锁止好，连接制动管路接头、灯用电缆插头等。

分离半挂车时，先降下挂车支撑架，然后断开制动管路接头和灯用电缆插头，开启牵引座锁止机构，将牵引车驶离挂车。

2. 安全起步

驾驶柴油货车在寒冷状态下起动时，先将点火开关钥匙置于 ON 上预热，预热灯熄灭后再起动。驾驶大型货车起步前除要观察后视镜以外，还应观察前下视镜，以看清前风窗玻璃前下方长 1.5 米、宽 3 米范围内的情况。

3. 速度控制

驾驶汽车列车换档减档的时机，要比单车提前。行驶中尽量保持速度平稳，控制好加速踏板。车速忽快忽慢，很容易因挂车的惯性引起车辆耸动而无法控制。牵引挂车要实现少制动、少减速，就要控制好行车速度，提前判断和处理道路情况。

4. 安全超车

驾驶牵引车带挂车尽量不超车，需要超车时必须确认前方有充裕的空间，在距前车150 米以外，观察前方路况，在确保路况良好、视野良好的状况下，开启左转向灯提前驶向道路一侧，在接近前车时，适当鸣喇叭，夜间频闪前照灯，同时察看前车的动向。在确认前车让行，且无左摇右晃倾向或变道意识时，大角度绕行超越。超越后不要马上驶回，挂车一般很长，一定要留出距离，最好在距被超车 500 米左右时，再驶回正常行车道。

超车时一定要提防被超车辆后视镜被货物遮挡看不到闪灯提示，或因本身噪声听不到喇叭声的情况。另外，还要考虑到挂车的长度和车本身的速度，留出足够的间距。离前车太近时向两侧转向，会造成车辆甩尾失控。超车后过早驶回，会因车厢长而引发刮碰事故。

5. 安全转弯

牵引车带挂车后，车的整体长度加长，牵引车和挂车不同为一体，转弯时牵引车与挂车之间的内轮差和转弯半径都大很多，占用的转弯空间大，挂车车轮所处的位置很难判断准确。汽车列车的车身越长，转弯半径会越大；车身或装载越高，转弯时的稳定性会越差。驾驶汽车列车转弯时，牵引车的尾部或挂车部分往往要借用对方车道，转弯过程中要注意做好让车准备。

驾驶汽车列车转弯要选择弯度较大、视线良好、能够满足转弯半径的路口和场地转弯。转弯过程中，要注意观察车内侧和外侧的交通动态，不可转向过急，发现转弯困难立即停车，不可勉强转弯，避免因忽视内轮差和外侧后车厢外甩刮碰其他车辆和行人。转直角弯时，需先判断弯道情况，减速或停车后重新起步，缓慢通过。急转弯时，无论向左或向右，都应降低车速，低速沿车道的外侧通过。

6. 安全倒车

驾驶汽车列车倒车，由于牵引车的挂车较长，盲区较多，看不到盲区和后方的情况，两侧的情况也只有靠观察后视镜（有时只有一侧的后视镜能看到一边的情况）进行判断，驾驶牵引挂车倒车前，要下车观察车后的情况，确认盲区内的安全。

半挂车倒车转动转向盘的方向与单车倒车方向相反，全挂车倒车时转向盘转动方向与单车倒车方向相同。倒车过程中，一定要控制好速度，注意车身的变化，转动转向盘的幅度要小，不能转向过急，不要反复转方向，以免弄不清楚挂车所在位置，引发刮碰事故。全挂车倒车，要避免牵引车与挂车形成较小的角度。

7. 坡道行驶

驾驶汽车列车上坡时根据坡度换中、低档，使发动机的转速尽量保持在最大转矩附近。下坡陡时使用的档位和上坡时相同，控制车速，严禁空档滑行。车辆下长坡过程中，遇制动鼓温度过高时，不要立即进入冷水中冷却，以免造成制动鼓损坏。

8. 牵引车带挂车行驶中的注意事项

1）行驶中避免急制动、急起步、急转弯。
2）减档要逐级进行，不要越级减档，紧急情况除外。
3）全挂拖斗车不得进入高速公路。
4）在高速公路上行驶的最高车速不得超过 100 千米 / 小时。
5）通过桥梁等接合部有落差时，不要慌忙制动急减速，要握紧转向盘通过。

（五）违法处罚规定

1. 饮酒或酒醉驾驶处罚

饮酒后驾驶营运货车的，吊销机动车驾驶证，5 年内不得重新取得机动车驾驶证。醉酒驾驶营运货车的，由公安机关交通管理部门约束至酒醒，并吊销机动车驾驶证。

2. 驾驶货车违法行为记分

道路交通安全违法行为累积记分周期（即记分周期）为 12 个月，满分为 12 分，从机动车驾驶证初次领取之日起计算。

依据道路交通安全违法行为的严重程度，一次记分的分值为：12 分、9 分、6 分、3 分、1 分 5 种（表 B-1）。

表 B-1　道路交通安全违法行为记分分值（A2、B2 车型）

记分分值	交通违法行为记分项目
一次记 12 分	1）饮酒后驾驶中型以上载货汽车的
	2）驾驶中型以上载货汽车造成致人轻伤以上或者死亡的交通事故后逃逸，尚不构成犯罪的
	3）使用伪造、变造的货车号牌、行驶证、驾驶证或者使用其他机动车号牌、行驶证的
	4）驾驶中型以上载货汽车、危险物品运输车辆在高速公路、城市快速路上行驶超过规定时速 20% 以上的
	5）驾驶中型以上载货汽车在高速公路、城市快速路上倒车、逆行、穿越中央分隔带掉头的
一次记 9 分	1）驾驶中型以上载货汽车、危险物品运输车辆在高速公路、城市快速路以外的道路上行驶超过规定时速 50% 以上的
	2）驾驶中型以上载货汽车在高速公路或者城市快速路上违法停车的
	3）驾驶未悬挂机动车号牌或者故意遮挡、污损货车号牌的载货汽车上道路行驶的
	4）驾驶与准驾车型不符的载货汽车的
	5）连续驾驶危险物品运输车辆超过 4 小时未停车休息或者停车休息时间少于 20 分钟的
一次记 6 分	1）驾驶中型以上载货汽车、危险物品运输车辆在高速公路、城市快速路上行驶超过规定时速未达到 20%，或者在高速公路、城市快速路以外的道路上行驶超过规定时速 20% 以上未达到 50% 的
	2）驾驶中型以上载货汽车载物超过最大允许总质量 50% 以上的
	3）驾驶机动车载运爆炸物品、易燃易爆化学物品以及剧毒、放射性等危险物品，未按指定的时间、路线、速度行驶或者未悬挂警示标志并采取必要的安全措施的
	4）驾驶机动车运载超限的不可解体的物品，未按指定的时间、路线、速度行驶或者未悬挂警示标志的
	5）驾驶机动车运输危险化学品，未经批准进入危险化学品运输车辆限制通行的区域的
	6）驾驶中型以上载货汽车不按交通信号灯指示通行的
	7）驾驶证被暂扣或者扣留期间驾驶载货汽车的
	8）驾驶中型以上载货汽车造成致人轻微伤或者财产损失的交通事故后逃逸，尚不构成犯罪的
	9）驾驶中型以上载货汽车在高速公路或者城市快速路上违法占用应急车道行驶的

（续）

记分分值	交通违法行为记分项目
一次记3分	1）驾驶校车、中型以上载客载货汽车、危险物品运输车辆以外的机动车在高速公路、城市快速路以外的道路上行驶超过规定时速20%以上未达到50%的
	2）驾驶中型以上载货汽车在高速公路或者城市快速路上不按规定车道行驶的
	3）驾驶中型以上载货汽车不按规定超车、让行，或者在高速公路、城市快速路以外的道路上逆行的
	4）驾驶中型以上载货汽车遇前方机动车停车排队或者缓慢行驶时，借道超车或者占用对面车道、穿插等候车辆的
	5）驾驶中型以上载货汽车有拨打、接听手持电话等妨碍安全驾驶的行为的
	6）驾驶中型以上载货汽车行经人行横道不按规定减速、停车、避让行人的
	7）驾驶中型以上载货汽车不按规定避让校车的
	8）驾驶中型以上载货汽车载物超过最大允许总质量30%以上未达到50%的，或者违反规定载客的
	9）驾驶不按规定安装货车号牌的载货汽车上道路行驶的
	10）驾驶中型以上货车道路上车辆发生故障、事故停车后，不按规定使用灯光或者设置警告标志的
	11）驾驶未按规定定期进行安全技术检验的危险物品运输车辆上道路行驶的
	12）连续驾驶中型以上载货汽车超过4小时未停车休息或者停车休息时间少于20分钟的
	13）驾驶中型以上载货汽车在高速公路上行驶低于规定最低时速的。
一次记1分	1）驾驶中型以上载货汽车、危险物品运输车辆在高速公路、城市快速路以外的道路上行驶超过规定时速10%以上未达到20%的
	2）驾驶中型以上载货汽车不按规定会车，或者在高速公路、城市快速路以外的道路上不按规定倒车、掉头的
	3）驾驶中型以上载货汽车不按规定使用灯光的
	4）驾驶中型以上载货汽车违反禁令标志、禁止标线指示的
	5）驾驶中型以上载货汽车载货长度、宽度、高度超过规定的
	6）驾驶中型以上载货汽车载物超过最大允许总质量未达到30%的
	7）驾驶擅自改变已登记的结构、构造或者特征的载货汽车上道路行驶的
	8）驾驶中型以上载货汽车在道路上行驶时，驾驶人未按规定系安全带的